The Death Doula's Guide to Living Fully and Dying Prepared

向此生
好好說再見。

讓臨終導樂師幫助你
有覺知地面對生命和死亡

法蘭西絲卡‧阿諾爾迪 Francesca Lynn Arnoldy 著 **高子梅** 譯

【各界讚譽】

我細細品味每個字，不斷想著如果我在年輕時就讀到這本書該有多好。我很想知道如果那時候有人幫助我深入探索自己的好奇心，我是不是會因此活得更圓滿？這是一本非常好的指南書，而且也是一個探究對你來說最重要的事的好機會——讓你按照自己的方式編排人生與死亡。

——臨終關懷護理師、臨終導樂師、知覺死亡教育工作者（conscious dying educator），以及《軟著陸》（*Soft Landing*）、《安寧關懷心》（*The Hospice Heart*）、《病榻旁》（*At the Bedside*）、《小嘉怎麼說？》（*What Would Gabby Say?*）四本書作者**嘉布麗葉兒・愛麗絲・希門尼茲**（Gabrielle Elise Jimenez）

對於任何想更瞭解如何為自己的生命盡頭做好準備和規畫的人來說，這本慈悲為懷的準備指南是無比寶貴的資源。法蘭西絲卡在臨終規畫的實務面和情緒面上，都提供了豐富的資訊——包括當下的內在探索和未來心願這樣的功課——引導讀者踏上自我發現之旅。

——通識學士、加拿大道格拉斯學院（Douglas College）臨終導樂師課程推動者和開發者，以及加拿大臨終導樂師協會（End-of-Life Doula Association of Canada 共同創辦人**珍妮佛・馬爾梅斯**（Jennifer Mallmes）

法蘭西絲卡・阿諾爾迪執筆的這本書可提供讀者各種工具，讓他們在經歷人生各階段時，對死亡有健康的認知。書中囊括的務實反思和功課能安撫對死亡的恐懼，在意識和喜樂中催化出成長。這本書應該被放在每張廚房桌上，才能將關於死亡的基本對話帶回日常生活。

——醫學博士、退休安寧關懷醫師、臨終學播客（End-of-Life University Podcast）主持人，以及《從臨終人士身上學到的七種生活功課》（*7 Lessons for Living from the Dying*）作者凱倫・瓦耶特（Karen Wyatt）

考慮周全、溫和無害、慈悲為懷、寬容有愛，而且非常務實的一門功課，讓你活得幸福又死得其所。真不愧是出自於一位臨終導樂師之手。

——醫學博士、公共衛生碩士（MPH）、美國安寧緩和醫學研究院院士（FAAHPM）、美國胸腔醫學會會員（FCCP）、《極端手段》（*Extreme Measures*）作者，和醫學短影片媒體（Reel Medicine Media）創辦人潔西卡・吉特（Jessica Zitter）

無論是面對自己的死亡還是照顧臨終病人，這本了不起的書都可以在這趟旅程中成為你的知心朋友和嚮導。集專業照護及智慧於一身的法蘭西絲卡，製作出一本全方位的工作手冊來因應臨終議題的實務和精神層面。我們會在裡頭探索自己的恐懼，找出我們生命的意義，癒合我們的過往傷痛，梳理臨終願望。宛若完美執行了一項天方夜譚級的任務。

——臨終專案計畫（When You Die Project）創辦人和得獎電影製作人茜安娜・路恩（Johanna J. Lunn），作品包括《道別》（*Saying*

Goodbye）和《死亡建築》（*Architecture of Death*）

完美描繪出我們面對生命終點時，對愛、接納和意義的人性包容能力。
這本書裡處處可見深厚的經驗與縝密的反思，是一本充滿情感智慧的
書，為處在任何一種生命階段的人提供參與終活日誌製作和得到善終的
架構。法蘭西絲卡在旅程中溫柔慈悲地引導我們，而這場旅程將啟迪你
去反思自己的一生，也協助你在陪伴臨終人士時，不是只有人在現場，
而是有意義的陪伴。

—— 醫學博士、哲學博士、臨終關懷醫師、研究專家，以及《死亡只是
一場夢》（*Death is But a Dream*）作者**克利斯多福‧克爾**（Christopher
Kerr, MD, PhD）

這本書將阿諾爾迪多年來身為臨終導樂師的經驗所學、工具、資源融合
成一本工作手冊，與生死建立起健康的關係。它對所有讀者來說，堪稱
一份最好的禮物，啟迪我們去深思今日的我們想過什麼樣的生活，以及
希望留給後人什麼樣的正面影響，也幫助臨終人士在生前最後幾天、幾
週或幾個月領悟並釋懷。

—— 全美最大型個人臨終照護倡議組織「慈悲與選擇」（Compassion &
Choices）創辦人，也是合格臨終導樂師**金‧卡利南**（Kim Callinan）

這是一本組織完善的書，在慈悲的動機下鼓勵大家走向善終。內有簡單
易懂的練習和實用資源可供導樂師、照護夥伴，以及想探索自己與死亡
關係的好奇人士實作與運用。

——臨終關懷導航者（end-of-life navigator）、土葬裹屍布製作者，以及
東北區臨終關懷合作協會（the Northeast Death Care Collaborative）
創辦人迪諾・史坦德（Dina Stander）

謹以此書獻給我的眾多導師，尤其是我的客戶C，

謝謝你教會我如何按**自己的**步調與人交流，

也讓我學會無論活著還是死亡，都要有自己的風格。

我也要對親愛的讀者謙遜地表達感謝之意。

我絕對不是書寫死亡的第一人，也不會是最後一個。

為臨終做好準備，走得圓滿，這觀念不是我發明的，

有很多人已經體認到與死亡發展出健康良好的關係至關重要，

而我只是他們的其中之一。

Contents

前言..011

引言..015

給照護夥伴的一封信：請把這本書當成支持的工具.................033

自我準備：以心為中心...043

Part I
定向：養成慈悲心 049

第1章　導樂師之道...051

第2章　連結...063

Part II
準備：接受善終 075

第3章　覺知生命有限...081

第4章　死亡象徵...099

第5章　無常...107

Part III
暫停和練習：強化你的應對技巧 133

第6章　放鬆練習...137

Part IV

處理：探索未完成和未發現的事物 149

第7章　處理過往種種 151
第8章　透過釋放找到對策 165
第9章　回顧你的人生 173

Part V

課題：釐清和分享你真實的自我 185

第10章　你的核心自我 187
第11章　追憶方式 207

Part VI

規畫：草擬你的照護願望清單 223

第12章　思考人生終點的規畫 229

Part VII

告別禮物：道別 267

第13章　永別 271

附錄1　預立醫療照護諮商專用的價值觀分析表 275
附錄2　「為生命終點總整理」作業清單 281
附錄3　空白表單 289

前言

　　初識法蘭西絲卡・阿諾爾迪（Francesca Lynn Arnoldy）時，我是一名發展心理學家／人類發展專家，在佛蒙特大學（the University of Vermont，簡稱UVM）教授人類發展與家庭科學（Human Development and Family Science）課程（簡稱HDFS，也就是以前的家庭研究〔Family Studies〕）。

　　一九九九年到二〇〇三年間，法蘭西絲卡在佛蒙特大學就讀和畢業，主修HDFS。透過我們的課程，法蘭西絲卡研究了兩個核心視角，並從這兩個視角去思索個體發展——這兩種視角就彰顯在她的導樂師工作方法上，尤其是在這本書中與讀者的互動方式。

　　第一個視角是生命歷程架構（Life Course Framework）：這是要求我們把注意力擺在具歷史意義的事件、早期生活經歷，以及對日後生活有影響的個人決斷和機遇上，並瞭解這其中的相互關係（譬如Elder and Shanahan, 2006）。第二個視角來自於布朗芬布倫納（Bronfenbrenner）的人類發展生態模式（Ecological Model of Human Development；在他一九七九年的著作裡做出最初的闡述）。這個模式聚焦在各種不同環境背景如何影響我們的發展，同時也思索個體本身又是如何影響環境背

景。而這個模式的核心概念是生態銜接（ecological transitions）[1]。誠如布朗芬布倫納（1979）所描述，「由於角色、環境或兩者的改變，使得個體在生態環境中的位置改變時」（p.26）就會發生這種銜接，還有就是「每一次的生態銜接，都是發展過程的結果，但也是誘因」（p.27）。法蘭西絲卡在HDFS課程裡的另一位教授羅倫斯・雪爾頓（Professor Lawrence Shelton; 2019, p.53）曾解釋道：「生態銜接為個體提供了適應新環境或新角色的機會或挑戰。」

　　我在讀這本書的時候，看見了這兩個視角的存在。法蘭西絲卡將死亡、臨終過程，以及為此做的準備（無論是即將死去的人，還是那些必須為失去親人在生活上做好準備的人）當成發展的契機（developmental opportunities）。她認為正視生命的有限（mortality）基本上就是一種生態銜接，這為我們帶來新的契機與挑戰，而這一切都會被我們至今的生命歷程所左右。透過這本書，法蘭西絲卡為我們──也就是她的讀者──提供了一系列的活動與反思，再加上她在書頁裡無所不在的關懷與撫慰，支持我們為最後的轉變做好準備。

　　臨終準備的時機也許是在診斷為絕症之後，但這本書的設計是為了讓所有身為生命體的我們，能夠預見和規畫自己和親人的臨終與死亡。事實上，其中許多功課在尚未直接遭逢重病的情況下，可能會比較容易進行。我的一位好友最近被診斷出罹患絕症，這讓我親身體會到這一點。她自我孤立，花很大的精力刻意不去思考關於臨終和死亡的事，

1　生態銜接意指，當一個人從某個角色變成另一個角色，或者當一個人從一個場所移動到另一個場所時，就會發生「生態銜接」。此名詞也有譯為生態轉變或生態過渡。這是美國心理學家布朗芬布倫納在一九七九年提出的理論。

因此我發現自己真希望她在幾個月前就能讀到這本書，希望我曾和她一起完成其中許多練習，分享我們對生命終點的企盼與恐懼。而那些對話或許就能用來支持她和親人現在的心緒，即使此刻的她都把心力花在逃離診斷結果的現實面上。當然，我也預期她對瀕臨死亡的看法會不斷改變，但先前有過的對話和練習可以成為日後建構的基石，不管是對我的朋友還是對愛她的我們來說都是如此。

在這本新著作的核心裡，法蘭西絲卡給了我們——也就是她的讀者——一份地圖，它既廣泛又複雜，內有多條我們或許可以採行的路徑，供我們更加瞭解自己，和懂得怎麼與生命的最後階段打交道。法蘭西絲卡會提供地圖的這件事並不令人意外，因為地圖正是貫穿她所有作品的共通主軸。

最早，在《臨終導樂師初心的養成》（*Cultivating the Doula Heart: Essentials of Contemplative Care*, 2018）這本書裡，法蘭西絲卡就為有志於導樂師這份工作的人提供了一份地圖，教導如何理解和成為一個懂得關懷和慈悲的臨終導樂師。法蘭西絲卡的第二本著作《記憶巷弄裡的地圖》（*Map of Memory Lane*, 2021）是一本文字優美的圖畫書，她在書裡為年幼的孩子提供了另一幅地圖——記憶的地圖——讓他們在親人去世前先去想像，親人死後再循著地圖繼續走下去。這本圖畫書也提供了成年人與孩子展開關於死亡的對話的方法，幫忙孩子想像何謂失去，也協助他們瞭解愛會永遠存在我們的記憶裡。

如今透過這第三本書，法蘭西絲卡提供了一幅指引性的地圖，協助讀者面對我們最後一次的發展轉變——從生命到死亡、從活著到死去，從活生生的關係到成為回憶。

同時，這本書也提供了一幅地圖，教我們如何陪伴和支持我們的親人，為這場最後的轉變做好準備。此外，讀者也會發現閱讀這本書，一定會使你開始溫柔的內在探索，更深層地去進入你的生命。諷刺的是，雖然這本書的焦點是死亡，但它確實提供了一種讓你在步向生命終點的同時，活得更加圓滿的方法。

——賈桂琳・溫斯托克博士（Jacqueline S. Weinstock, PhD）

佛蒙特大學

引言

歡迎大家。

我很高興你們來到了這裡。能帶領你們展開旅程去探索眼前這份深奧的功課，實屬我的榮幸。這本書本質上就是我作為導樂師提供給大家的服務。廣義地說，導樂師是靠著無比的慈悲和堅韌的膽識，去支持他人度過分娩、誕生、生病、死亡或憂傷等緊要關卡的人。

從二〇〇九年以來，我已輔導過無以數計的客戶、朋友、親人和鄰居來為這些前所未有的人生轉變做出規畫和熬過它們。我曾透過工作坊、演講和訓練課程，傳授數以千計的人導樂師重要的核心理念和實作方法，其中最精華的部分都已注入在這些書頁之中。基本上，我已經將我「導樂師錦囊」裡的內容全倒進這本書裡——裡面有最可靠的技巧、方法和練習。

在需要支持別人的時候，我會先提出一系列的建議，然後鼓勵大家找出自覺有共鳴的地方。請千萬記住，當你開始這個過程時，不要自覺有壓力得照著書裡的每一個提示做，必須完成每一份練習；而是應該要配合自己的目標和現有的能力，所以歡迎隨時：

- 細讀和挑選
- 嘗試和修正

你可能會從你覺得最重要的章節開始，然後從那裡跳著讀。又或者你可能會花幾個月的時間慢慢依序細讀每一頁，邊讀邊決定要不要做完所有練習。不管你具體的路徑是什麼，都要確保自己在過程中享有成就感和滿足感。

可以期待什麼

這本書的首要目標，是提供有助益的指導來幫助你檢視內心世界，創作出可供追憶的禮物，並為你自己的最後一個篇章預作準備——無論你目前的健康狀況如何。

自我發掘→自我分享→訂定計畫

這本書是高度互動性的，內有各式各樣發人深省的提示，涉及七個步驟，每個步驟都有它明確的目的。

Part I（定向）：養成慈悲心

Part II（準備）：接受善終

Part III（暫停和練習）：強化你的應對技巧

Part IV（處理）：探索未完成和未發現的事物

Part V（課題）：釐清和分享你真實的自我

Part VI（規畫）：草擬你的照護願望清單

Part VII（告別禮物）：道別

這些單元的主題和軌跡，都是來自於我多年來扶持人們熬過生與死得出的經驗——這些經驗都是人生重大的關口。身為教育者和導樂師的我，會為每一位我有幸服務的人排定量身訂作和能增強自信的照護。而每一次的客戶經驗都深化了我導樂師角色的重要性，並肯定了為這些最重要的階段做好健全準備的好處。若是人們事先不曾進行過任何重要對話，只會徒留他人揣測，對那些原本就頗為複雜的階段更添壓力。

你也許還有一些疑問，甚至會有一些恐懼。

這本書是為誰而寫？我究竟會從這本書裡學到什麼？這本書究竟會要我做什麼？這位作者有什麼資格來指導我走完全程？死亡的功課會涉及什麼？

就讓我們一起來審視一些答案吧。

這本書是為誰而寫？

這本書是寫給任何願意深入探討這些複雜主題的人，包括（但並不限於）：

- 準備開始為自己規畫或重新考慮最終死亡歸途的成年人。
- 得重病或絕症的人，希望為自己的最後階段做好準備。
- 正在練習覺知生活（conscious living）的人，想對具覺知的老化和臨終進行探索。
- 榮譽父母（honorary parents）[1]或原生父母、祖父母、叔伯姑姨，以及宗教性和非宗教性的教父教母、導師或監護人——他們想

為自己所在乎的人創造出可供追憶的禮物。

• 對死亡有恐懼，但希望能緩和這種恐懼的人。

• 臨終關懷工作者（deathcare workers）、家人或照護志工，以及支持他人度過生命終點的專業照護提供者。

　　有些讀者可能是因為某些巨大的轉變、失去而被觸動，又或者是因另一種形式的覺醒而受到啟迪，於是趁自己健康狀況尚且穩定的時候開始思索生命有限這個議題，將自己的生與死還有照護期待（care wishes）記載下來。也有人是因為生了病或者正逐漸老去而有所覺悟。在這個過程中，身為嚮導的我有責任鼓勵你去認清——甚至重新找回——生命有限的真正意義何在，因為我親身經歷過這些努力所帶來的好處，也目睹到其他人得到的正面成果。

　　我是透過生育這個領域而成為臨終照護工作者的。起初身為生育照護工作者（birth worker）的我，把焦點放在產婦的產後階段上，協助家庭成員適應有新生小貝比之後的家庭生活。後來我成為了生產教育導師（childbirth educator），過了幾年後，又成了陪產導樂師（birth doula，陪產員；意思是非醫療性照護人員，在產前、產中和產後，提供知識上、情緒上、精神上和身體上的支持）。幾年下來，生產和分娩期間的各種可能性打開了我的思維，也啟發了我的心靈。我發現我對這份工作不再糾結，甚至曝露出一些潛在想法，對什麼才最有益於我的個案恍然

1　通常指的是那些在某人生活中扮演著父母般角色的人，儘管他們可能不是生物學上的父母。他們可能提供情感支援、教導、建議、關懷和安全感，有時甚至可能承擔起父母的責任。

大悟。於是我放軟身段，不再總是義正詞嚴，改採好奇的立場，嘗試在這巨大的轉變期裡，對原本說一不二的行事方式放手。

在當了幾年的陪產導樂師之後，我的家族在短時間內經歷了多次的喪親之痛，我的內外祖父、我的公公，還有我們的狗陸續往生。每一次的死亡都不同，但都帶來了一些深奧的課題，成為我們記憶中抹滅不去的一部分。我留意到在那段令人心碎的時光裡，我自己自動地進入導樂師的角色。

當時我們所經歷的一切似乎是如此不可預測，但我覺察到在面對那種一切未知的感覺時，必須先培植出信任。我發現自己慢下了腳步，處事變得高度敏感。我會留意其他人的行為和反應方式，顧及他們不同的需求。我發現自己浸淫在臨終的神祕領域裡，急切地研究這方面的經驗。我的陪產導樂師角色自然而然地轉化成臨終期間的導樂師角色，過程中似乎不只穩定和撫慰了他人的情緒，也啟迪了我去探索如何在生命的開端和盡頭處穩住一切。

至於我個人對生命有限的覺知，是在我為人父母之後，才真正意識到我的死去會對我所愛的人造成多大的衝擊。養兒育女再加上大大小小的各種失去，迫使我開始寫自己的終活日誌（death journal）——這是我為我的回憶剪貼簿取的名稱。老實說，我不記得哪一篇是我貼的第一篇了，畢竟已經製作了很多年，而且我總是跳來跳去地貼貼寫寫。可能是一張字條——內容語重心長到再也沒辦法繼續藏在心裡。後來又多了幾張字條（都標有日期），然後是一些很特別的詩句、歌詞、文章、引文、箴言、清單和紀念品。

現在我的終活日誌已經準備就緒，隨時可用。我最親愛的家人都知

道它的存在與用途。我也把我對臨終照護的偏好想法寫在裡頭。我還會時不時地補充一些，用一些老生常談的勵志話語或撫慰人心的感性文字把空白處填滿。

我的終活日誌讓我能提前做好準備來安慰和導引那些會在未來最想念我的人。自私地說，我也希望這本日誌能讓我可以不那麼抗拒我未來的臨終時光，因為我懷疑我對家人的擔心會成為我這一輩子最沉重的執念。我希望在知道自己已經創造出一份與眾不同的禮物之後，可以讓我更覺得海闊天空一點——因為這禮物會是多數哀悼者在經歷重大的喪親之痛後，渴望得到的一份寶藏。透過書寫這本書中的功課，我希望也能為你和你的親友帶來一些這種海闊天空。

如何使用這本書

這本書裡頭有很多練習，也有很多空白供你書寫。有些讀者會把它當成某種草稿使用——一個可將浮出表面的想法隨時記下來的地方。然後再組合成最終版本加以收藏或分享。也有人直接就在書頁裡作功課，等完成的時候，內容就很充足了。不管用哪一種方法或者混合使用，都可以被接受。但最鼓勵大家按自己的需求量身製作，你可以在這本書的最末頁找到一份整理好的空白表單和練習。

雖然這本書的組織方式是按照我們的作業進度逐步建構起來，但這是屬於你的道路。你可以自行選擇要完成到什麼程度，以及何時完成。如果你認為其中一個單元不適合或者沒興趣，那就略過它。你或許會再回過頭來找它，或許不會——全由你自己決定。反過來說，如果你發現

自己正不著邊際地朝一條意料之外的岔路前進，那就看看可以走到哪裡。或許你會因此找到更多方法來擴大和超越這些書頁裡的內容。

製作一本終活日誌需要很大的勇氣。它要求你承認自己的生命無常，這不是一件小事。不過這是做得到的事，我們每一個人天生都會。再說這些努力的潛在回報是無限的，包括會覺得更海闊天空，有種解脫的感覺，也因此活得更圓滿。

但有些人還是會對啟動這樣的旅程感到有疑慮，所以可能會詢問以下問題。

這會令人沮喪嗎？沮喪？通常不會——至少不會沮喪到令人難以招架。會感到辛酸嗎？會。會刻骨銘心嗎？通常會。在回憶你的過往人生和你曾愛過的那些人，以及對這一切道別時，會心痛都是合理的，甚至會出現懊悔的一刻。但話說回來，思索死亡會是一門令人感到圓滿和欣慰的功課。它會打開我們的眼睛。我們將因此覺醒！我們領悟到我們的時間有限。我們會更加關注眼下發生的一切，深深感恩每一天的美好，因為知道自己在世的總天數又少了一天。

這種對生命有限的覺知，會讓我們活在當下。我們對過往一切的唯一因應方式，就是消化它和從過去的傷口裡癒合。而我們唯一能影響未來的方式，就是立下目標和以正念做決定。當我們能夠用這種方法看待事情，我們就會明白當下此刻的潛力無限。

善終的功課能使我們放下一些扛在身上的重擔。當我們在生活中很清楚生命有限，就會懂得定期盤點，思考需要修補什麼，然後展開行動。挖掘出恐懼，把我們的想望說出來，才能卸下情緒上的負擔。然後思考

我們留下的遺產是什麼——包括我們所做過的一切，以及我們身後留下的一切。在我們幫自己的親人創造有意義的追憶禮物和訊息時，可以讓我們從這個過程中得到慰藉。在知道我們臨終前、臨終時和臨終後，家人們之間的歧見將少掉許多，也會令我們感到寬慰，因為我們已經事先表明了自己的心願。

要是我的親人在我之前過世呢？多數情況下，我們並無法得知自己或他人的壽命。終活日誌可以幫助你發現那些尚未解決的問題，如果你覺得有必要，現在就花點時間去修補關係或者補強關係，把可能還沒說出口的話說出來。我會鼓勵你趁著現在還行的時候，將藏在心裡的話說出來，也可以寫下來供後人日後展讀。兩者都是很有力的行動。

如果沒有人會讀我書寫的內容呢？不是每個人都打算分享自己的日誌，也不見得一定要分享。要是你寫完之後沒有人來接收這本日誌，這的確會令你難受，但你還是可以盡其所能地去試著探索那些情緒。也許在你探索的同時，腦海裡就會浮現出一個可以接收這本日誌的對象。也或者可能沒有任何對象浮現，但仍然不要抹煞這些努力所呈現的價值。

終活日誌是功課的一部分，是不斷練習去處理、規畫和準備，而且會貫穿你往後的餘生。即使僅只是向自己的內在探索，也跟幫別人製作追憶禮物一樣值得去做。每個人都有不同的目標和環境背景，但在這裡都是受到重視的。

思索或談論死亡會促使死亡上門嗎？有些人擔心思索生命的有限，

會讓死亡更接近你或者促使它更快上門。只要想一想有這麼多致力於臨終照護的照護提供者和教育人員都已經堅守工作崗位好幾十年了，他們不也都沒事，這類恐懼通常就能消除了。但是，所有恐懼都是正當合理的，值得好好深思。如果你有這類擔憂，而且是根植於你從小長大的文化、宗教或傳統（或者一些其他同樣具有影響力的背景），請務必瞭解你無須多做解釋或辯解。一定是有什麼事情——可能是某種需要或想望——帶領你找到了這本書。那就跟著你的心走，為自己創造出一條最理想的道路前進。

要是我病重或快要死了呢？首先，請感受我攬著你的肩膀，傳遞給你的關懷。這段時間心裡一定很複雜。我不會試圖去揣測你正面臨多少挑戰，因為這是屬於你的獨特道路，你對它的詮釋才是最重要的。但是我相信你的注意力正被牽引到許多方向。

務必要尊重你所剩的體力，千萬不要訂出無法達成的目標。你要花時間活在當下和花時間反省過去，並與其他可能讓你掛慮的事之間取得平衡。或許在你的關懷圈裡，有人可以協助你使用這本書，這樣一來，你就能保留一些體力來從事其他事情。希望你在這裡完成的功課能帶給你某種成就感和平靜。

每個人都有各自的視角

我們每個人在進行自己的死亡覺知課程時，都有各自的目標和議程。身為一個人，你是眾多基因和特徵的集合體，你也是被許多基礎時

刻和顛覆時刻形塑出來的個體。你的個人視角——也就是你看待這世界所用的視角——會影響你整合資訊的方式；包括人種、種族、年齡層、國家、文化、信仰系統、家庭環境、身分、生活經驗和過去狀況等在內的因素，都會影響你的看法。在你逐章閱讀本書時，請小心留意你有哪個個人特質層面想頌揚、重塑，或者想改變得跟別人一樣。

總之，後面有很多提示和練習都是專注在創造性的探索，包括探索你生命的有限、你的價值、你的遺物，還有你的照護期待。雖然整個過程相當完整地涵蓋了生與死的議題，但你的日誌有幾件事做不到：

不會有一拖拉庫的祕密。當留下來的家人打開我的終活日誌時，他們不會看到不為人知的細節。他們不會發現我陌生的一面。他們發現的是——那個熟悉的我——一如他們所認識和深愛的那個我。在起草裡面的條目時，我是等於在創造一個空間供親人來探訪我的本質精髓，以及我們共同擁有的回憶。

不能快速修補一顆破碎的心或者對死亡的恐懼。有些讀者是在重大的喪親之痛後帶著憂傷打開這本書，也有些讀者可能是帶著強烈又揮之不去的焦慮在讀這本書。更有些讀者兩者兼具。可是這裡沒有解決這兩者的快速通道，也沒有共通的簡單答案能幫你回答。如果我們的目標是要變得全人和完整，就不能刻意忽略整合和癒合所必須花費的時間和力氣。要熬過去的唯一方法就是深入探索，但過程因人而異。不過，終活日誌也可以是部分的解決辦法，因為它的內容包含有深刻的反省，也有坦誠的表達。

不會有醫療報告或法律文件。在附錄裡有很多很有助益的表單，它們都是預立醫療照護諮商（advance care planning）的前導部隊，而你在本書裡所完成的功課——譬如表明你的臨終照護期待——都可能成為你想納入正式記錄裡的部分，但這本書並不打算變成一份醫療報告或法律文件。許多國家（以及這些國家境內的許多地區）都有可用的具體範本能讓你詳載自己的法律和醫療首選，也能選定你的決策代理人，在你可能沒有能力以言語表達自己的願望時，代表你發言。請多做一些研究，才能瞭解你當地的選項有哪些。必要時請向你的照顧者和家人尋求協助，也可以和你主要的照護提供者和法律專業人士聊一聊，以瞭解更多詳情。

潛在的阻礙

當你開始使用這本書時，心裡可能會有些許保留或期待。所以，對可能阻礙你進行的挑戰做好準備，這一點很重要。

寫不出來。有些人對寫作感到擔憂。這很常見。有時候是因為懷疑自己的寫作能力。我的文筆夠好嗎？請務必瞭解，這本書並非一份研究報告或正式的專題論文。它是紙上的你。當你分享的時候，就像在慷慨地分享你的善良與愛。字拼錯了，文法有誤，出現墨水的汙漬，都代表內容的真實性，這種真實正是經歷喪親之痛的人渴望得到的。

有時候之所以害怕寫作，是來自於某種更深層的恐懼。你可能會質疑：「別人會怎麼想這些內容？」你可能懷疑你的親人——以及你的

後人──對你寫出來的東西會有什麼想法。但歸根究柢，製作終活日誌乃是一種揭示自我本質的過程。將內心想法表達出來，會使我們變得脆弱。一開始，我們先揭開原汁原味的自己，然後找到勇氣表達出來。慢慢來，你會在做這份功課的時候逐步建立起對自己的信心。

完美時刻。完美時刻是難以捉摸的。如果我們要等條件成熟，才去製作終活日誌，可能會永遠成空。藉口和害你分心的理由隨手可得，但這門功課是刻不容緩的。我自己用來預防這類推拖的激勵口號是：**現在這時候**就是你時間最多的時候。我還有另一個很靠得住的口號：坐下來，現在就開始。那你的呢？

_____

_____

_____

_____

_____

_____

_____

但反過來說，我絕對不建議你強迫自己在一天之內就念完這整本書。你必須休息幾次讓思緒慢慢過濾和發散。譬如我通常是在林間散步的時候，或者在花園裡拔野草時，才能把事情想清楚。所以，當你發現自己正絞盡腦汁想把一個問題想通時，可以試著去呼吸點新鮮的空氣，或者找些別的方法來放鬆，打開視野。

總之，在生命有限的這門功課裡，就像所有事情一樣，平衡絕對是關鍵。我希望你會發現這趟旅程在情緒上是有回報的，而且這股衝勁將會自行累積。你會覺得受到啟發，產生興趣，於是被吸引到案前埋頭就寫。

心裡發送的訊息。 每當我們向內探索時，有時候心裡會有很多小聲音是批判又嚴苛的。我們可能質疑自己這一生值得嗎？或者懷疑我們真的有什麼有趣的故事可以分享嗎？我們可能質疑自己的價值。有時又覺得向別人表達自己的苦惱或請求支持，會害別人在我們身上浪費太多時間和精力，造成他們「負擔」，而感到內疚。我們往往太嚴以律己，又太寬以待人。

臨床心理學家兼作家麗莎・費爾斯通（Lisa Firestone, 2013）說過，這種批判性的內在聲音就像是「內心的敵人，藏身在你那些較客觀和實際的觀點與反應裡」。經驗告訴我們，它通常像現場實況報導一樣在日常生活裡攻擊和批評我們的各種行事和互動。它會害你羞愧、尷尬，也打壓你的自信，妨礙我們實踐自己的計畫，不讓我們表現出最真實的自己。必要時，以下有幾個訣竅可供你管理心裡發送的訊息。

- 質疑這些訊息的合理性。客觀地審視它。想像你是一個朋友而不是你自己，在這種情況下，你會對你的朋友說什麼？
- 質疑這些訊息的根源所在。它們跟誰的標準、期待或規定有關？它們是為了配合你對自己和這個世界的看法嗎？
- 在心裡想像這些發送的訊息就像對話泡泡，像天上的雲一樣飄忽而過。自我提醒每個人多少都會糾結這樣的問題。這只是人性的一部分。

在著手生命有限的這門功課時，你要確定迴盪在所有聲音之上的那個聲音是真實且目標明確的。在企圖心的驅使和不斷練習下，你會開始察覺出現在心裡的任何一種不友善的獨白，你會叫它噤聲，然後能靠著勇氣和毅力將自己往前推進。

通力合作

若覺得這個功課夠吸引人，可能的話，可以考慮找其他人一起製作終活日誌——可以跟你的親人，或者在治療師、導樂師或安寧照顧工作人員的協助下進行。

兼具作家和教師身分的瑞秋‧娜歐蜜‧萊蒙（Rachel Naomi Remen, 2001, 338）曾經說：「在過了這麼多年之後，我開始好奇，是否美好生活的祕訣並不在於擁有所有答案，而在於有好的同伴陪著追求那些回答不了的問題。」

如果你選擇跟朋友或家人一起研讀這本書，請注意一件事，每位參

與者都會找出自覺最理想的參與方式。你要能包容各種差異，因為它將提升每一個人的經驗。

並肩合作並不會害你失去個人特色，反而能讓你們並肩前行，每個人都能向內探索自己，完成被要求完成的功課，再回頭來分享彼此的成果。畢竟這樣的安排，跟臨終過程並非完全不同，因為就某方面來說，體貼的陪伴會非常令人安心，只是最後我們還是得像孤身的航海家一樣各自航向死亡。

不管在這個時間點上，你對這本工作手冊的計畫是什麼，都先讓我們深入製作終活日誌的第一個提示題。以下是你可以遵循的幾個步驟。

1. 找一個舒適可用的空間，在那裡不會有人吵你，你可以舒服地放鬆，全神貫注。
2. 做幾個緩慢的深呼吸，把所有耽憂擱到一旁，因為你知道等你完成後，就會回到正常的狀態。
3. 閱讀以下的提示，然後讓自己的思緒自由流動，並隨手記錄。你寫的東西可以很簡潔，也可以很凌亂。你可以寫出完整的句子，也可以潦草記載。沒有什麼正確或錯誤的方法。你會找到自己的方法。

你為什麼會來做生命有限的這門功課？你是帶著什麼樣的目標和意圖在做這些功課？

_____

_____

_____

_____

_____

_____

_____

_____

_____

_____

_____

反思

讀一遍你寫下來的內容。你能夠自在書寫嗎？你發現自己會試圖引導你寫的文句嗎？還是會想讓它變得有邏輯一點？你寫下來的目標和意圖令你驚訝或意想不到嗎？

先花點時間賀喜自己踏出第一步！但你一定會有疑慮的時候，因為你會質疑自己的看法，但也同時想捍衛它。你可以預期當你挖掘出是什麼造就出現在的你時，會經歷到一些眼淚、笑聲、沮喪，和某種深層的滿足感。

在你繼續進行之前，從你所寫的內容裡頭挑出一個明顯的重要目標，然後把它寫在底下當成你的「大膽意圖」，強化它的威力。

我的大膽意圖：

_____

_____

_____

_____

_____

希望它可以成真。

給未來練習的幾個最後注意事項

接下來的練習會要求你全神貫注，開誠布公。你將花些時間探索自己的內心世界，評估應對技巧——這兩部分都是你已經建立好的，只是有些地方你可能希望再養成。你會回想起令你快樂和舒暢的源頭是什麼，也會想起惆悵的時刻。你會檢視「生活品質」的考量是什麼，同時決定「死亡品質」對你來說意義何在。在你深思的時候，請記住：

1. 認清自己，找到你想去的方向——最後抵達那個終點。
2. 隨身帶著一些勵志錦囊或精神寄託，以擊敗你的推拖心理，因為有句話說得好：「你總以為還有時間，最後卻為時已晚。」

給照護夥伴的一封信：
請把這本書當成支持的工具

當你漸漸長大，你會發現你有兩隻手，一隻用來幫助自己，另一隻用來幫助別人。

——演員、幽默大師、兼暢銷書作家

山姆・萊文森（Sam Levenson; O'Toole 2013）

首先，請相信你是被感恩的。無論你是臨床醫師、宗教領袖、臨終照護工作者、生命導師、志工、鄰居或者親人，你的支持很重要。沒有你的支持，我們當中會有很多人感到孤單和被忽略。所以，在此謝謝你。

很多讀者可以自我引導讀完這本書。但也有人會求助於像你一樣值得信賴的人幫忙完成這份功課，因為靠自己獨力完成這份功課恐怕讓人不堪負荷。又或者他們希望你陪他們走過一段過程，期待這段過程能為他們帶來平靜與自在。我們要邀請身為照護人士的你將這個文本當成工具來協助個案、病患、工作坊的學員、朋友，或家人練習覺知死亡的功課，為臨終做好準備。不過，這當中有一個重要的初期步驟，就是你要先做自己的覺知死亡功課。如果不先做，身為照護人士的我們，將很難真正設身處地支持對方熬過那些艱難的對話或時刻。

我們若不清楚自己的個人偏好，便等於是半矇著眼在下判斷，甚至可能將自以為理想的做法投射在別人身上。這會造成傷害，因為等於是不讓對方發聲，而非鼓勵他們說出來。除此之外，我們也可能一不小心就把對方的焦慮當成自己的焦慮，這會很傷元氣。我們必須要能夠區分什麼情緒是我們的，什麼不是。換言之，我們必須先認識自己的無常，先思索清楚自己具體的願望，這樣才能將自己的思維、情緒和喜好，與親人、個案或病患的明確區分開來。

這裡有一句很特別的話，要送給那些正在扶持他人面對疾病末期的照護人士：雖然你的生命也是有限的，但請務必瞭解，絕症會使一個人陷入完全不同的心境。雖然你可能對某些照護決定很有主見和想法，但這些意見和想法大多是理論上的，可是對方的遭遇卻是當下的，且更為急迫。請把這個差別放進自己的心裡。

不過，清楚我們自身的喜好，並非唯一的先決條件。有安寧護理師、導樂師和作家三重身分的嘉布麗葉兒・愛麗絲・希門尼茲（Gabrielle Elise Jimenez, 2022）明確地說：「要為臨終之人和傷痛者提供照護，我們自己得先平和下來。我們不能在自己也滿是傷痛（肢體上和情緒上）、壓力，或正筋疲力竭的時候去陪伴別人。」閱讀這本書可能會揭開未癒合的傷口，並幫助你獲得包括內在和外在的必要資源，這樣你才能支持自己和他人度過臨終這類緊要關卡。

如果你是專業照護提供者

在面對生命有限這個議題的整個過程中，很多問題會浮現。由於你

的角色關係，被你服務的對象會期待你給他們意見——甚至答案。你的病人或個案會在敏感的議題上尋求你的忠告。

可能你會因為自己除了過去的工作經驗之外，也對一些研究和介入方式頗有認識，於是會分享相關資訊。你是你那個領域裡的專家，這毫無疑問一定很有幫助。但是，你的病患或個案才最瞭解自己。所以你必須融合彙整所有的智慧，提供一個真正以對方角度出發——而且最好是在對方主導下——的照護方法。

與其去提供解決對策，不如架構出各種建議選項，授權給每位病患或個案，讓他們主動參與目前討論中的各種選擇。不要只溝通選項裡可能的好處和風險，也要談到實際的期望是什麼，然後請問對方這一切聽起來如何。詢問他們這些選項有多貼合自己的本性和自己想要的東西。身為照護提供者的你，可以和接受照護的人合力創作，量身訂做出方法，來尊重每一個人的獨特性。

關於提出建議和分享故事

騰出時間討論和安靜地傾聽，這些都是慈悲照護（compassionate care）的重要方法。除此之外，如果照護提供者提出建議或分享故事，這樣好嗎？當然好啊——但是要謹慎。最好先給對方時間發表自己的看法，不要打斷。說不定他們也能自行找出結論。如果需要額外的資訊，你該如何在提供這些資訊的同時促進每位病人或個案的主體意識？

開口前，先停頓，**等候**（反問自己「為什麼是我來發言？」），然後深思：

- 這樣的資訊分享對誰有好處？是我想成為焦點嗎？我想讓自己聽起來很有智慧嗎？我是想幫忙對方還是只想當英雄？
- 我很執著於那個結果嗎——執著於他們的決定嗎？我會給病患或個案壓力嗎？他們會不會擔心讓我失望？

身為導樂師的我，每當覺得有必要分享一個可能有幫助的例子時，我都會盡量用匿名的模糊方式來陳述。如果這故事是來自我私人生活裡的經驗，我通常不會講明，反而可能用以下這種方法來開場：「我認識一個人，他認為／他就受益於⋯⋯」或者「我曾跟某個人共事過，對方⋯⋯」

這種方法有幾個優點。首先，去除身分識別，等於是在向我的個案說，我是帶著尊重的態度將他們的遭遇放在我的心裡，因為我剛證明了我是個絕對守密的人。第二，搬出中立的例子，能留給客戶更多空間去客觀地思索現況。這是一種比較開放也比較讓人舒服的做法。

一般來說，病患和個案喜歡：

- 被看到他們真實的自己
- 被聽到，還有真正考慮到他們的意見
- 在照護上像個夥伴般被對待
- 遇到任何關卡，都騰出時間討論下一步

如果你是朋友或家人時

　　身為朋友或家人的你（無論是被選擇的還是有血緣關係的），可能正在支持一位跟你很親的人，對方已經決定要開始讀這本書。又或者可能是你挑選了這本書，因為你很感興趣，想讓你在乎的這個人試讀看看——只是你可能不確定對方同不同意。

　　不過說到底，不管情況是哪一種，你都可以決定（1）在導引對方閱讀之前，自己先做完這些功課，或者（2）跟你所愛的人一起完成這些功課。你們兩個都是一般人，你們是平等的。你不需要當一個很懂得臨終事務的專家，反而可以花點時間進行重要對話，協助對方動腦想想門診時可以詢問的問題，在一起做這些功課的同時，也盡你所能地珍惜當下，支持對方。

　　要是時間很短，對方又對生命有限的覺知功課不感興趣，那該怎麼辦？施壓或者讓對方覺得不做這門功課會有罪惡感，都不是我們該做的事。但我們可以用邀請的方法，讓對方保有自主權。這非常重要，因為重病往往會讓一個人變得愈來愈倚賴。人們在確定罹患絕症時，通常會有無力感。你一定要非常小心對方對這種事的反應。

　　那麼，我們要如何邀請對方呢？也許可以先專注在我們自己身上。這本書是寫給在任何時間點上的任何一個成年人。與其詢問你朋友或家人的喜好，倒不如先試著討論你自己的恐懼和願望。比方說，「我知道現在就談預立醫療照護諮商的事不是那麼容易。可是我最近一直在想自己以後要怎麼做好臨終準備。我想跟你分享，可以嗎？」如果對方同意，就可以做更多溝通，或至少讓他們開始去思索與他們照護有關的事宜。

有助於照護夥伴支持他人走完善終功課
的幾個訣竅

雖然你把這本書作為照護工具使用的具體理由獨一無二，但這裡有一些重要訣竅對正面經驗會有幫助。

對你自己的規畫要愈清楚愈好。制訂你自己的臨終準備計畫，將有助於你釐清優先順序，也能讓你為別人的歷程創造出寬闊的空間。書裡的功課會結合正式的預立醫療照護諮商文件，涵蓋全面性的資訊，可供你自我記錄，也可以和他人分享。

持續修訂你的臨終表格。隨著時間的過去，你的人際關係和各種觀點都會慢慢改變。定期評估你寫過的東西，確保內容是與時俱進的。你也許得自我承諾每過一次半歲生日，或者新年當天，抑或每年四月十六日的全國醫療保健決策日（National Healthcare Decisions Day；美國特有的節日），就去重新修訂那些表格。

尊重每個人的獨特步調。在面對壓力破表的現實面時，某些時刻我們會勇於面對，但也有些時刻我們會選擇逃避。小心留意受你照顧的人什麼時候願意面對一切，又在什麼時候選擇逃避。強迫對方接受對自身處境無所適從的那種感覺，可能會損害對方的幸福感，以及你好不容易建立起來的信任感。用耐心和慈悲心（compassion）去關懷對方。

說到慈悲心，讓我們來界定它的定義，討論一下它跟身為照顧者的

你可能會使用的另外兩種工具——同情心和同理心——有何不同。

同情心 vs. 同理心 vs. 慈悲心

同情心和同理心都是支持的方法，但它們可能會消耗掉照顧者的心力。然而，從能量和意義層面來看，在與那些必須面對臨終問題的人一塊共事時，慈悲心才能讓彼此產生正面能量和找到意義。語義學當然是主觀的，這三個詞彙之間存在著灰色地帶。區別這三者的目標，就在於磨鍊出一種方式（hone a modality），讓你可以對這份工作保持住熱情。

以下對同情心、同理心和慈悲心有些界定，可供你參考（摘自我二〇一八年的著作《培養導樂之心》〔*Cultivating the Doula Heart: Essentials of Compassionate Care*〕）：

什麼是同情心？「我為你感到難過。」同情的意思，是為對方感到遺憾。它是因為呼應對方的困境而召喚出一種憐憫的情緒狀態。當我們產生同情時，我們背負著本來不屬於自己的情緒。我們會試著透過分擔傷痛來交流和證明我們的理解。我們表示惋惜，但是這麼做，卻可能因為我們多加進自己沉重的情緒而讓局面更加惡化嚴峻。

什麼是同理心？「我可以感同身受。」感同身受的意思，是試著想像如果我們在對方的處境裡，會有什麼感受，或者去回憶自己在類似環境背景下曾有過的感受。我們把自己想像出來的經歷套用在對方的現實經驗裡，或者把我們的過往跟對方的當下套合起來，於是我們以為我們迎合了對方此刻的心境。但是，這種呼應式的感受從來無法真正吻合對

方的情緒，因為這是不可能的。情緒是流動和很個人的。

同情心和同理心雖然都是意圖良好、想提供撫慰，卻會讓人筋疲力竭。與其在支持的當下做到充分到位和殷勤體貼，其實我們可以不去膨脹這種為別人感到難過，或者試圖感同身受的能量。試圖讓自己的情緒世界去吻合他人的，會耗盡我們的心力。

什麼是慈悲心？「我尊重你的感受。」慈悲心超越了同理心。這意味著成為他們的盟友，見證對方的經歷來瞭解他們的感受。當我們在練習慈悲的時候，我們會從黃金定律（「你想要別人如何待你，你就要如何待人」）轉化成白金定律（一九七〇年代米爾頓・班尼特博士〔Dr. Milton Bennett〕所創造的定律）：「以他人希望的方式對待他人。」

我們不做任何臆斷。我們容許對方的反應，而方法是靠保持冷靜和專注來表達我的包容。我們給對方適當的空間去找出一條最好的路，我們鼓勵受我們照顧的人先慢下腳步，好好想清楚，才不會讓他覺得自己是被趕鴨子上架地急於想出辦法去克服某種嚴峻的處境。當人們陷入混亂時，我們要幫忙他們培養出勇氣。

在此同時，我們也承認在常見的痛苦處境下，人性都是一樣的。同樣是人，我們都懂什麼是痛。我們也都懂磨難是什麼。但我們不會宣稱自己很懂另一個人對自身困境的看法和處理方式。如果我們能在什麼屬於我們的和什麼屬於他們的這兩者之間創造出空間，就會發現這種區隔可以帶來比較真誠的交流，因為我們的理解不是建立在努力想去分擔悲苦的那種根基上。

慈悲的照顧者不會為了重新填滿對方的空虛，也跳進同樣的情緒庫

裡，反而是相信每個人的完整性，以及大家都有無限的潛能去轉變和癒合。我們會陪在身邊，也願意去相信每個人與生俱來的智慧與力量。我們知道人們有權利去完成自己的旅程和取得適當的支援。我們尊重內在的完整性，所以邀請他們親自去見證。

同時具有作家和活動家這兩種身分的帕克・帕爾默（Parker Palmer, 2016）曾說：「人類靈魂不想聽忠告、不想被糾正，或者說不想被拯救。它只想被見證——原封不動地被看見、被聽到，以及被陪伴。當我們對一個正在遭受折磨的人他的靈魂致上這種深層的敬意時，就會強化這個靈魂的療癒資源，也是能幫忙這位受難者度過難關的唯一資源。」

練習慈悲，因為它能活化我們。我們可以在不掏空自己的情況下關懷別人。當別人邀我們進入他們情感正值脆弱和敏感的時刻時，我們要覺得榮幸。我鼓勵大家帶著這種慈悲的精神去面對你們服務的對象，也對你自己展現同樣的善意。

換我心，為你心

法蘭西絲卡

自我準備：以心為中心

在你回顧、整理和記載條目時，你會處在一種特定的理智和心靈狀態中。所以在一開始就有意識地讓自己在心態上保持開放和中立，是有好處的。如果你已經掌握這方面的技巧，那就繼續使用。但若想探索其他可能的方法，以下有一個方法你可以去嘗試和改良。

等你看過幾遍下面的文字指示，比較熟悉之後，就可以靜靜地自我引導了。也或者你可以一邊大聲地讀出指示一邊錄音，然後回頭聽錄音內容。務必要說得慢一點，過程中不時停頓一下，才不會覺得太倉促。措詞不一定要一模一樣，可以使用你喜歡的詞句。

最後，請注意這個練習強調的是呼吸，所以對有呼吸困難問題的人來說可能不適用或沒有效。不過，還是有其他可以使用別的感官或能力的替代方法，它們都羅列在這組指示之後。（這項練習是受到**觸摸療法**〔Healing Touch therapy〕的啟發。）

第一步

先找到一個舒服的空間。輕鬆地坐在椅子上或躺在床上，盡量放鬆身上肌肉，自我檢查從頭到腳有哪個部位很緊繃。盡可能讓全身內外上下都放鬆下來。選擇輕輕閉上眼睛或者放空。

指示內容

先放緩你的呼吸，感覺空氣正透過鼻腔進入，再從嘴巴呼出。當你吸氣時，想出一句代表純粹幸福感的話。腦海裡浮現的第一句話就對了。盡量不要去批判剛浮現出來的這句話。完全包容和歡迎它的出現。

把這句話透過鼻腔吸進去，然後送進你的心臟位置。隨著每一次的吸氣，感受它正進入你的心臟，將心臟充滿。看著這句話在你的心臟位置上不斷長大和擴張，從上到下、從前面到後面、從左到右。

呼吸和充滿。呼吸和擴張。

一旦你心臟的空間被這句話完全占滿，透過呼氣把它呼出來。將它送進你整個身體，從頭到腳，從前面到後面，從左到右。

呼吸和傳送。呼吸和擴張，需要花多久時間都沒關係，只要能送進你整個身體裡。

一旦整個身體都充滿了這句話，再開始跟你身體以外的空間分享，將它送進你四周的空間，吐納到外面去。

呼吸和傳送。呼吸和分享。

現在暫停一下，完全浸淫在你所創造出來的幸福感裡，享受它的富足。這個空間是你的。它是一個療癒的空間。

等你準備好時，擺動手指和腳趾，將自己拉回當下。請記住，只要你喜歡，隨時可以擁有這種平靜的感覺，重新回到以心為中心（heart centering）的狀態。

反思

花點時間反思這項練習。你覺得這個經驗如何？

_____

_____

_____

_____

觀想（visualization）的力量非常強大，但不見得適合每一個人。如果這項練習無法引起你的共鳴，請不要認定這是某種失敗。你現在正在檢視各種策略方法，才好決定哪一種可以倚賴，對哪一種敬謝不敏。你會漸漸瞭解自己和你的喜好。

你如何改變這項練習，讓它更符合你的需求？以及如何深化它？

_____

_____

_____

_____

替代方法

這裡還有其他一些方法可供你反思，那句被你選定來代表「幸福感」的詞語對你而言意義何在。

從人文科學的角度去探索那句詞語（從比喻上和字面上）。收集你想用的美術工具，或者利用現成的東西。你可以用鉛筆速寫，用壓克力顏料彩繪，用雜誌上剪下來的圖片拼貼，或者用黏土雕塑。這句話可以是一種顏色或一個符號。就像小孩子不會質疑自己的創作一樣，你也要練習去容許和歡迎自己的創意出現。

自由書寫那句詞語。在一張空白紙上，或者在電腦的空白檔案裡，寫下任何出現在你腦袋裡、跟那句詞語有關的思緒。先要求你那顆強調秩序的邏輯腦安靜下來，容許和歡迎任何啟示的出現。

在音樂上探索那句詞語。如果你有彈奏樂器，即興演奏出那句詞語。它會揚起什麼樣的音色或旋律？這旋律很新嗎？還是你發現你彈奏的是某個熟悉的曲調？如果你是用唱的，先哼出來，再發聲唱出那句詞語。有旋律了嗎？老話一句，你必須容許和歡迎它的出現。

帶著那句詞語做動態冥想。不管你移動到哪裡，或怎麼行動，都帶著那句詞語。把它放進你的思緒裡。也許配合你的行動默念那句詞語。容許和歡迎你的思緒繞著那句詞語不斷擴張。

最後幾個想法

　　一旦你找到最適合自己的方法，就留著用吧。無論是引導意象法；可以讓你呈現出來的美術視覺作品；可供你反覆思索、深具意義的一種想法；還是一首歌，都請善用這個功課來為即將到來的單元做好準備。你選定的起步技巧可以幫忙穩定你的情緒，也能讓投入善終功課的你，更容易去包容各種見地。

Part I

定向：養成慈悲心

　　這個單元的目標，是從「當下臨在」（presence）和「心態」（mindset）這兩個角度來自我定向。指引你的北極星，也就是會在這門功課裡負責引導你的價值觀，將會是藉由與人交流所體現的慈悲心。誠如冥想老師雪倫‧薩爾茲堡（Sharon Salzberg, 2015）說過，慈悲心會「挑戰我們的各種假設、我們的自我設限感、我們的毫無價值感、自覺在世上沒有一席之地的那種感覺，以及我們對孤單的感覺和疏離感。這些都是狹隘和壓縮性的心態。但隨著慈悲心的養成，我們的心會跟著打開。」

　　當你投入覺知死亡的功課時，你的角色會像是自己的導樂師。起初導樂師的原文「doula」乃是古希臘女性助產士的頭銜。這字眼起源於勞役甚或奴隸制。但從二十世紀後半葉以來，就一直在力求重新定位這個字眼。如今「導樂師」被定義為非醫療性的照護提供者，針對正在經歷人生重大轉變的人，譬如生育或死亡，提供情緒上、生理上、知識上和精神上的支持。

　　當我以臨終導樂師身分與客戶開始合作時，我會先解釋我的角色範圍和可能的服務，以瞭解客戶對哪一部分感興趣。反過來說，我的客戶

則會確認自己的初期目標和感興趣的地方。然後再從這裡照著明確的軌跡繼續走下去。

個人狀態的探索→分享自身→準備和規畫

你在這本書裡的功課，也會遵循同樣的軌跡。我們會探索你的現在與過往，你的好惡，你最大的成就，最令你心碎的事。這類調查都是在當事人願意接受的情況下進行，絕對不會勉強。你可以自由回應，細節說多說少由你自己決定。這個過程可以幫忙你認清最真實的自己，而這是我們日常生活裡通常不會去做的事。

你可以從這裡開始規畫你要如何分享自己，怎麼說自己的故事，以及任何你想留給親人的訊息。以上內容會在你考量各種臨終照護選項時，自然而然地轉換成比較正式的規畫內容。說到底，唯有我們揭開自己內心運作的方式，才能開始思考如何尊重它們。

誠如之前提過，對於那些即將到來的功課，你從頭到尾都只能仰賴自己，就如同我的客戶仰賴我當他們的導樂師一樣。哪怕你身邊有其他的照顧者，你還是得先當自己的盟友和擁護者，這一點很重要。因為到頭來，你才是自己最耐久的支持系統，而這本書將提供必要的工具，讓你成為自己的支持系統。

第 **1** 章
導樂師之道

對導樂師來說，當他人或自己處於重大轉變期時，若想在現場提供支持，必須先耕耘出一套特定的具體辦法。這個辦法裡頭的特質，可以透過導樂師原文DOULA裡的字母來常記在心：

D：專注於當下臨在（Dedication to presence）

O：敞開心房（Open-mindedness）

U：用慈悲心去理解（Understanding with compassion）

L：專心傾聽（Listening intently）

A：緩解苦惱（Allaying distress）

為了幫終活日誌的製作和生命有限這門功課打好扎實的基礎，我們會先在本章探索這些技巧，現在就讓我們逐一審視DOULA的每一個步驟，釐清這些互有關聯的元素。

專注於當下臨在

在支持他人度過緊要的時刻時，導樂師要懂得掌握空間，方法是創造出安全的氛圍，讓正在誠實坦然面對問題的人可以自由感受和表達任何情緒。身為你自己的導樂師，你也要為你自己的功課營造空間，在心裡耕耘出一處感覺寬闊和舒服的所在。

當你暫停腳步，集中精神，讓自己慢下來，把自己切換到一種正在癒合的當下臨在狀態時，你就成了一只裝載複雜的生死探索功課的容器——就像你在一開始所做的「以心為本」的功課一樣。你要幫自己創造出一個可以認真思索生死問題的空間，並在發掘的過程中找到快樂。要創造出這樣的空間，需要你積極主動地自我準備；守護這個空間，需要你更多地臨在當下而不是馬上行動。

當你需要讓自己重新專注在正念的當下臨在（mindful presence）或任何一種DOULA特質時，以下的口訣或許管用。

有助於當下臨在的口訣：沉靜之器，信任之泉

你要如何提升自己當下臨在的療癒品質？首先，想一想你曾經因誰在場而感受到療癒。可能是摯友、家人、老師、治療師，或者任何曾在你遭遇困難時關心你的好心人。安靜地坐一會兒，思索以下的提示，然後隨手寫下你的回應。

回想以前你曾經從一個真正關心你的人身上所得到的真誠支持。描述一下當時的互動，記下對方給了你什麼感覺很棒的東西。

_____

_____

_____

_____

_____

_____

_____

_____

_____

反思

回想那場互動是什麼感覺？重溫它會令你精神一振嗎？它可能會帶來某段艱困時期的各種回憶，造成你的不安。若是如此，可以利用這機會來落實你之前寫下來的那些有益技巧。當初對方在支持你的時候給了什麼，你此刻也可以送給自己。花點時間好好滋養自己的身心靈，等到準備好了，再回到當下。

當我請人們描述那些支持他們的人當下臨在的狀態時，通常他們都會使用沉穩、平靜或接納這樣的字眼。當他們解釋對方給他們的感受是什麼時，他們想到的是感覺到自己被看見、被聽見，以及被肯定。這些想法是否也反映出你的經歷？還有其他或多或少重要的描述嗎？你能如何把你所受到的關懷帶到對待自己的方式中？

敞開心房

身為自己的導樂師，要做到敞開心房，關鍵在於好奇心。只要我們對學習保持開放的態度，我們就能不斷擴大自己的覺察力。相反地，如果我們在進行生命有限的這門功課時，自以為很瞭解自己、自以為知道自己想要什麼，我們就侷限了自我成長的潛力。

社會規範和家庭規範，可能會使你迫於壓力地用某種方式去看待臨終這件事。但你可能還不知道所有選項或所有視角其實都是值得思索的。在這種情況下，「你不知道自己不知道什麼」這句老話，聽起來就格外真實了。我們都懂那些被教導、告知或展示給我們的事情。但處理死亡，意味著你要面對的是最令人費解的事。而你現在有機會從加諸在你身上的框架裡被釋放出來。試著保留可塑性，對浮出表面的任何事情都保持好奇，不管是完全放心的感覺，還是極度抗拒的心理，抑或介於這兩者之間的任何一種情緒，都不要放過。

正念口訣：疑慮可能製造恐懼也可能帶來好奇——我怎麼回應由我自己決定。

當你自己的情緒盟友，方法是不管眼前再怎麼一波三折，都矢志當自己的好夥伴。這麼做，生命有限的這門功課將會改變你。你將揭開自己人性上許多令人驚奇的一面。

練習：驚嘆

在接下來的一兩天裡，找機會把各種驚奇集合起來——這是一種練習，可以將當下臨在和敞開心房兩個特質連結起來。讓你的注意力流連在花開似錦的室內盆栽上或隨風搖曳的一棵樹上。提醒自己透過晶亮的眼睛去看見生命，這當中有平凡也有不凡。不管你矚目的主體對象是什麼，都浸淫在它的細節裡，歡喜迎接各種驚嘆與驚喜。

如果喜歡的話，把你的心得寫在這裡。

_____

_____

_____

_____

_____

_____

_____

用慈悲心去理解

導樂師會察覺到閾限空間（liminal space）裡——從一個階段過渡到下一個階段的混沌空間中——所呈現出來的不安，並清楚知道我們得透過困境的掙扎，才能找到熬下去的必要決心，最後發掘出最真實的自我感覺。此外，導樂師也知道就算被絕望打擊得支離破碎，人們在本質上還是完整無缺的。

當你在思索生命有限這個問題時，你可能會感受到焦慮苦悶的浪潮朝你拍打。你會想轉身避開它的傷害。但請記住那些溫柔的時刻，你的傷口是正在等待癒合的沃土——不是指快速修復或治癒，而是不管你的身心承受到什麼，你的靈魂都是完整的。

正念口訣：我的整個身心都在服侍我——包括我的傷痕和我的力量。

這不表示你應該強行揭露你曾經歷過的任何創傷，或者在你自覺準備好之前撞進這趟旅程裡最陰暗的一面。慈悲心要求的是在任何時刻都要耐心以對和體貼自身的能力。

靠近一點，然後喘口氣。等你準備好了，再靠近一點。找到最適合自己的節奏。要記住：你有權體驗完整的經歷，而且你具有所需的智慧和潛能。你是痛苦的解藥。你是精神淨化的源頭。

專心傾聽

　　導樂師這個角色的核心元素之一，就是傾聽。導樂師在邀請別人講述一段回憶、關係或過往人生時，都會善用沉默。給對方一段專注的時間去述說自身的經歷，這可以幫助他們接受覆水難收的事，甚至為它賦予意義。用心的導樂師會小心地不提出類似饒恕或指責的任何看法，確保接收關懷的對象在有需要的時候不會感到孤單或者被遺棄。

　　這種絕對開放的態度，正是你應該對自己抱持的態度。這本書會扮演你經驗故事的守望者。這些書頁會默默地包容你、給你倚靠，供你隨時取用，也願意等候，直到你願意為止。

　　正念口訣：我的真相正當合理，我的話就是證詞。

　　請務必知道，你的想法是合理的。你有資格質疑，也有資格提出主張。當你在進行這些功課時，只要你覺得別人的意見（不管是現在的意見還是過往的意見）不合理，就別讓它們來打亂你的腳步。此外，心裡若有聲音打亂你的思緒，也要叫它閉嘴——特別是那些試圖貶低你自信的批判聲音。找出那些根植在恐懼裡的訊息，它們只會阻礙你找到自己。

　　如果愈來愈難讓那些阻斷你思緒的噪音噤聲，先休息一下或許會比較好。轉移注意力一段時間，知道自己比較有精力之後可以再回來做這個練習。喘息期間，你或許可以：

　　動動身體：當你覺得被卡住時，就算只是在床上或椅子上稍微動一

動也是有幫助的。聳一聳你的肩或者繃緊某塊肌肉群（譬如握拳或踮腳尖），然後再鬆開，這些都可能有幫助。在本書的 Part III 裡，我們會檢視一些可能對你有益的放鬆技巧。

享受大自然。 如果可能而且感興趣，可以到戶外休息一下。要是不可能，那就考慮把戶外的元素搬進屋內，像是花花草草或者少量的白雪。

試著自由寫作。 只需提筆在紙上寫下任何想到的東西，不用事先計畫。把你心裡的想法全倒出來，直到心裡感覺輕鬆為止。有時候當我們不試著去用力想清楚某件事時，反而更能有所洞悉。

緩解苦惱

導樂師會盡可能地保持理智不隨他人的情緒波動起舞，以避免升高挑釁場面或衝突。這是一種從容不迫，自然而然也能鼓勵其他人放慢腳步，平靜下來。在投入生死的這門功課時，也要練習從容不迫，才能讓冷靜和撫慰自我。

正念口訣：我的內心和身邊都擁有我所需要的一切。

在製作終活日誌時，有時你或許會覺得被壓得喘不過氣來。舊時的傷痛可能會席捲而來，虛無且不屬於當下臨在的嚴苛想法也可能淹沒你。請允許自己去感受你需要感受的情緒，甚至在必要時准許自己沉浸

在黑暗中一段時間。然後，再允許自己暫時擺脫這種沉重感，重新聚焦。用善良的眼睛和溫暖的心去見證自己在各方面的努力。

能幫忙導樂師強化處於當下的各種訣竅

在覺知生命有限的功課過程裡，你會不斷利用到那些 DOULA 特質，這時候有些技巧或許能格外提升你努力的成果，增進你的能力，成為一位穩定、慈悲、臨在當下的自我指導者。這些訣竅如下所述：

- 把所有干擾降到最低
- 保持敏銳
- 創造和諧
- 看重自己

把所有干擾降到最低。當你進行這本書裡的任何功課時，最先要做的事是先調整好你的周遭環境。我們的腦袋很容易受到刺激。競爭的需求、令人成癮的裝置，或甚至鳥叫聲，都會打斷我們的專注。長時間對某個目標保持覺知其實並不容易。關掉吵鬧的收音機、電視及電腦上的通知訊息，可以少掉令人分心的誘惑。

保持敏銳。當你覺得自己分心了，就把它當成你得重新集中注意力的一種暗號。你甚至可以小聲提醒自己：快回來吧！我們的腦袋會走神，但是我們可以溫柔地將它拉回來，而且一次又一次地拉回來，來強

化我們長時間專注的能力。此外，要知道自己什麼時候需要休息。

　　練習保持敏銳還有另一個方法，就是即使不是在閱讀這本書的時候，也要記得去激活腦袋裡會看出模式和同步性、會找機會進行思索的那個部位。只要不斷進行這樣的練習，就可能找到你的過去和現在、你的傷口與焦慮，以及你的生活經驗和期待心理彼此之間的關係。留意浮現出的任何主題，它們可能在暗示一些教條式的想法。溫柔地反問自己：它們對我有用嗎？

　　創造和諧。 向內在探索時，你不需要用預設的界線來約束自己。與其透過極端的視角（不是這個就一定是那個的意思）來看待覺知死亡的功課，倒不如承認各種可能性。這是一個充滿灰色地帶的領域。這是一個非二元化的空間，二選一的二元世界（我不是對生死很感興趣，就是對它很恐懼）被兩者兼具的世界（探索死亡，讓我既感到好奇，也覺得有些焦慮）所取代。

　　「非二元化」（nondual）這個字其實是從梵語「adviata」翻譯過來的，意思是「非二元」或「不二」。也就是說，各種概念就算不予以分別，也能有其獨特性。它們可以同時存在。這裡還有另一個頗有助益的概念是辯證（dialectic）—— 兩件事似乎互有矛盾，但實際上兩者被證明都是真實的，比方說：「我可以為臨終做好自我準備，同時現在也能活得圓滿。」你預期得到在進行這些功課時，隨著心情和心態的變化一定會出現各種反應。但透過擁抱和直接面對複雜的挑戰，反而能在裡頭找到自在與平衡。

看重自己。你本來就值得，你值得被尊重、被全心照護。你有一輩子的精采故事可以分享。如果你的成長背景讓你不相信這些稱許，何妨讓它成為一個幫助你進一步提升自尊的機會。就算有些時候你可能懷疑自己或者感到手足無措，但你就像一個製作中的成品，充滿了無限的可能。

已經足夠了

「是否足夠」的疑慮，常對人們造成阻礙。我準備夠了嗎？夠堅強嗎？有足夠的學問嗎？這種現象部分來自於冒名頂替症候群（imposter syndrome），人們因自卑而覺得比不上別人。我鼓勵總在應付這類恐懼的人保持謙卑的心，不怕提出問題，並在學習上採取開放態度，因為它們才是真智慧的組成部分。盡量試著減輕你加諸在自己身上的壓力，包括你「應該」怎麼做，或者自覺受制於外在的影響——譬如你成長的文化、系統性壓迫（systemic oppression），諸如此類。這樣才能揭發出暗藏的真相，竭力培養出膽識和自我價值感。

把任何迎面襲來的不安，轉化成對未來功課的敬畏與憧憬。告訴自己：因為我在乎，所以我值得。因為這對我來說真的很重要，所以我很在意。這類訊息傳遞是對自我慈悲的彰顯。它可以協助你一次又一次地與自己連結，也與生命有限的課題連結。

第 **2** 章
連結

慈悲心與連結是相輔相成的。在我們的善終功課裡，其中一部分是要在你的裡外四周創造出慈悲的環境，讓自己感到安全與自在。這樣一來才能強化你與（1）你的自我意識（sense of self）；（2）你儲備的力量；（3）你的源頭或任何能滋養你內在心靈的事物；（4）你的經歷，你的人生故事；以及（5）你所得到的支持，也就是你可以利用的資源——之間既有的長久連結關係。它們全都是有待打造、極為寶貴的情感倚靠。

這裡有五個開放性問題可供檢視。每個問題可能都得花上你一兩分鐘的時間。或許你可以先花一點時間寫下初始的想法，或者也可以先暫時略過這些問題，因為我們會在後面再詳談每一個問題。

1. **自我意識**：你跟自己的關係是什麼？
2. **力量**：遇到壓力時，你會轉向什麼？
3. **源頭**：是什麼讓你保有內在的幸福感（inner well-being）——你的精神還是靈魂？
4. **故事**：你的生平故事是什麼？
5. **支持**：你會向什麼資源（朋友、家人、照護提供者和其他人）求助？

_____

_____

_____

_____

_____

外在連結的重要性

人與人之間的連結是與生俱來的，我們本質上就是社會性生物。我們大腦裡的鏡像神經元（mirror neuron）能夠觸發各種臉部表情，反映出聽者從說話者身上看到和感受到的一切。誠如神經生物學家艾咪・班克斯（Amy Banks）所言，這有助於我們解讀和回應他人，創造出一種「自動、瞬間的共鳴來連結彼此」。「在我們文化中的人們必須明白，健康的連結可以降低各種層面的痛苦」——這是很有力的認可（Wellesley Centers for Women, 2010）。

理查德・萊恩和艾德華・德希（Richard Ryan and Edward Deci, 2017）認為連結是有助於成長的三個核心需求之一，能夠使人們在生活中真正地茁壯成長。另外兩個核心需求是自主權（自覺能掌控自己的行動和決定）和勝任能力（覺得有能力完成自己的目標）。如果這三種元素都能充分獲得時，就能達到最佳的發展並發揮出最大的功能。每個需求都有其重要的角色。

我們可以透過有意義的活動來培養能自主的感覺，這些活動能促進自我決定的能力。成功養成自主感會讓人感覺可以主動，及達成內在自我與生活目標間的和諧。相反的，若是我們感受到外力的控制（不管是獎勵或處罰），能自主的感覺就會受到壓抑。說到底，無論我們是健康或是正在生病，還是有很多人渴望能夠為自己做出有意義的選擇，主導自己的照護工作（自主權）。所以，把你對醫療照護的喜好寫下來，就像你在這本工作手冊裡所做的事一樣，你才能在決定性對話時說出自己的意見——就算當時你的口頭溝通能力可能已經不行。

　　感覺有能力能勝任和感覺能自主有關，但又有其不同之處，因為這指的是我們能有效應付問題，調整自己適應不同處境的能力。當我們感覺有勝任能力時，就會有掌控感。萊恩和德希（2020）解釋過，對勝任能力的需求，最能在「架構完備，能提供最大挑戰、正面反饋和成長契機的環境下」被滿足。即便是在我們的人生最後階段裡，如果我們能對自己的餘生和最後的死亡有一定的掌控感，就還是能夠精神抖擻。

　　最後，是與他人的連結，或者說是人與人的關係，圓滿了這三個需求。這裡頭最重要的是人際間的依附，以及在單位裡（家庭、朋友圈和社群）的歸屬感。打造緊密和互相關愛的人際關係，有助於心理上的幸福感，但缺乏支持既會阻礙內在的體驗，也會加劇不好的自我印象。

　　如果我們好好耕耘這些需求，連結、勝任能力和自主權就能促進實質的人生意義（sense of purpose）。它們會點燃我們的熱情和成就感——我們對生命的熱情。擁有高度動力和自我效能（self-efficacy）的人，更能夠體會到生活的意義何在。他們會在自己的思維和行為上不斷進步。

缺乏連結

　　當這些核心需求沒有被充分滿足時，會發生什麼事呢？在現實生活裡，我們的經驗和認知會在質與量上不斷波動。有時候我們覺得自己很有能力、很被認同，但也有些時候，我們會覺得被誤解或遺忘。你可能會覺得生命中有些方面（不管是現在還是過去）你體驗得到那種一切由我自主、我能勝任，以及有充足連結的感覺。但你也可能發現生命中有些方面很缺乏這些東西。

　　也許透過更詳細地探索缺乏連結──或孤獨感──可以更強化我們的決心去妥善駕馭一些身心耗竭的時刻，努力儲備自己的力量。誠如之前所討論，終活日誌的製作大多是向內在探索的功課。向內在探索是極其私密的。就算有人一起幫忙，內在探索旅程也仍然是一個人的旅程，有時甚至可能感到孤單。

孤獨感

　　連結的對立面正是孤獨──這是一種在全世界蔓延的流行病。就算COVID-19當前，社會學家還是把孤獨感列為重大的健康問題。老年病學家卡拉・佩瑞西諾托（Carla Perissinotto）將社交孤立定義為「個體與其他人有多少接觸的客觀指標」，而孤獨感就是孤立的主觀感受（Ducharme, 2020）。

　　獨來獨往不見得代表你很孤單，而周遭圍繞著很多人也不代表你不孤單。孤獨感是一種特別的感覺，只有親身體驗到的人才能真正辨識出來，孤單和獨來獨往這兩者的重要差別，在於情緒的依附或者說連結。

更明確地說，獨來獨往是一種獨處的狀態，而孤獨感是一種知覺。當我們覺得真實的自我不被他人看到或瞭解，甚至連自己都不瞭解，孤獨感就會出現。

　　孤獨感可能稍縱即逝，也可能長期盤據。不過它向來很私密，意思是我們對它的體驗，是源自於我們對處境的詮釋。社交孤立顯然會加劇它的嚴重性。肢體上的親密不見得能消除它。我們當中有些人喜歡獨處，但有些人很恐懼獨處。

孤獨感檢測

　　如果你覺得有此一傾向，請花點時間評量你的孤獨感程度，以便測出自己在面對生命有限覺知功課的能力如何。回答以下問題，這些問題是受到洛杉磯加州大學（UCLA）三項目寂寞量表（three-item loneliness scale）和英國社區生活調查（the United Kingdom's Community Life Survey）的啟發。你可以選擇去評估一下自己現在的感受或者在過去一週、上個月、去年或十年前的感受。

　　好好思索以下問題：

你有多常覺得自己缺乏陪伴？

_____

_____

_____

你有多常覺得受到冷落？

你有多常覺得被人孤立？

你有多常覺得孤單？

_____

_____

_____

_____

_____

請深思並反省這段伊達·洛珊（Eda J. LeShan）所說且廣為流傳的一段
話：「當我們無法忍受孤獨時，就表示我們並沒有正確地珍惜自己從出
生到死亡唯一的陪伴者——我們自己。」

_____

_____

_____

_____

反思

孤獨感的檢測結果如何？你有可能覺得失望或者感到慶幸，抑或介於這兩者之間。不管是什麼結果，都要試著停止所有批判。你的情緒狀態無法界定你是誰，而且這種狀態也不見得永遠一成不變。就像以前提過，孤獨感是很常見的，很多人都經歷過。對大多數人而言，它是暫時性的，視具體環境而定。對有些人來說，它可能變成一種思緒上和行為上的螺旋式循環，強度也跟著放大。

在孤獨感這個主題上，安寧療護醫師羅伯·葛雷姆林（Robert Gramling）寫道：「我發現，在我們這個現代世界裡，孤獨感可能是重病患者所面臨的最大苦痛來源。但是，我每天都會提醒自己，要消除苦痛，最有效的臨床工具是我們的始終都在以及持續關懷，我們不怕陪他們一起面對任何身心問題，我們會好奇地想多瞭解對方，有時也提供某種空間讓他們──徹底地放鬆大笑。」（Arnoldy, 2018, x）

雖然像導樂師和安寧療護提供者這類慈悲的從業者，都很懂得始終都在和定期關心的重要性，但因為大家每天都有自己的日常生活，我們不可能總是能在最艱困的時刻即時提供外在的協助。所以，我要問你的是：你能對自己提供這種貼心的照顧嗎？你能把這種無限的自我慈悲延伸出去？也樂於接收嗎？你能滋養出這種連結嗎？

建立連結

　　與自己、他人和整個世界感覺有所連結是種怎樣的感覺？當我們感覺孤獨時，往往會有一種茫然，有時甚至是失落的感覺。我們可能也會覺得身體沉重，胸口或腸胃會痛。但反過來說，連結能帶來滿足感，就像回到家，進到安全的避風港一樣。這個家是溫暖又熟悉的庇護所，能提供你安全感。它或許不是我們實際居住過的地方，或甚至不曾來過，但我們可以在心裡把它打造出來，而它的基礎就是自我慈悲。

　　透過內在探索和練習，你可以強化連結感（內在的連結，以及與自己經驗的連結），然後帶著它展開即將而來的各種探索，探索你是誰、你害怕什麼，以及你擁有的任何期望。在你做以下功課時，記得花點時間先好好想想連結對你的意義何在。邊看以下提示，邊自由地書寫。

　　回想你覺得真正有過連結的一次經驗。這經驗可能是跟一位很支持你的人或者你心愛的同伴動物（companion animal）有關，抑或與大自然、你的自我感，或者一種更大的源頭有過強烈的連結。詳細描述建立連結的過程或者任何相關感受。

反思

回想一段很純粹的連結經驗，那種感覺如何？你的身體又感覺如何？
有留意到任何新奇或激動的感覺嗎？從你內心的運作層面來說，這門
功課可能的啟發是什麼？

_____

_____

_____

_____

_____

_____

_____

_____

_____

在知道了是什麼促成你回憶裡的那種連結感之後，你打算怎麼向前
看？

_____

_____

_____

_____

_____

_____

從我們出生的那一刻一直到呼出最後一口氣，我們的身心健康和快樂
都是靠連結在提升。患病期間——還有當一個人臨終時——令人舒緩
的細心醫護可以帶來必要的安慰。感覺那些在周遭照護你的人始終都
在，可以幫忙緩解可能出現的任何不適與不安。

本書稍後，尤其是在你專心初擬臨終照護願望時，將重新討論相互連
結（interconnectedness）的概念，而且是從兩方面著手，一是找出你
的支持圈，二是查明你可能還需要補充哪些層面，才能讓現有的圈子
更加完善。但我們也絕不能忘記可以讓我們永遠倚靠的那個穩定存在
力量——我們自己。

內在連結

內在連結（innerconnectedness）是指你與你的內在智慧和內在力量之間的那種獨一無二的關係。在這場旅程裡，你將繼續與自己建立友誼，盡情體驗內在的連結。對生命有限的覺知——也就是練習承認生命稍縱即逝的功課——將對你提出眾多要求，包括精神上和情緒上。在緊要時刻，在你對外尋求之前，可以先停下動作往內探索，看看有什麼是已經準備好可以使用的。你可能會發現自己愈來愈能享受獨處狀態的豐富——一種不帶孤獨感的獨來獨往——因為你已經安定下來，並且從容不迫。

但願這是對你凡人生命的一種重新認識。

Part II

準備：接受善終

當我們向內在探索時，會漸漸能夠區別自己內在始終不變的部分，和那些會隨著時間改變的部分。在我們梳理清楚過去的情緒或階段之後，什麼仍然存在？我們的基礎本質或者說「核心自我」會繼續存在，就如同我們生命有限的這個不變事實。我們的有限性是恆常不變的，不管我們怎麼試著說服自己真相並非如此，都改變不了這件事實。

在我們涉足這個複雜的主題時，請記住幾個重要問題：死亡可以是某種盟友嗎？我可以經常而且態度平和地歡迎生命有限的各種提醒進入我的覺知裡嗎？如果我可以，會怎樣？不可以，又會怎樣？

死亡意識

會考慮到自己的生命有限，瞭解自己終將一死的人，據說都有某種死亡意識（mortality salience）[1]。承認自己的肉身終會走到盡頭，會令人

---

1 亦譯為死亡顯著性。

產生焦慮。但這種心理是正常和可以預期的。因為我們就像所有動物一樣，是受生存驅使的物種。就算是我們當中那些覺得已經與死亡已成定局和解的人，在處理生命終點的現實面時，也還是會有焦慮的時刻。你可以在這本書的這一部分裡，找到一些方法來詮釋和管理這種最原始的恐懼。一開始的時候，請記得要找出你覺得最適合自己的思索節奏和深度。

減緩焦慮

首先，反思你在處理壓力或恐懼時已經在使用的任何良性策略。想想看你都是用什麼可靠的應對技巧在安撫你的焦慮情緒，將它們描述出來。列出那些方法已經證明能提升你的幸福感，能安撫你，為你帶來平靜情緒。

_____

_____

_____

_____

_____

反思

去回想那些可靠的工具，是什麼樣的感覺？是很快就想起來？還是有點難想起來？

_____

_____

_____

_____

_____

_____

也許你收藏的方法有很多，也或許你需要花多點時間動腦想想或練習一些能鼓勵和支持自己的方法。全神貫注於你生理上、精神上和心理上的需求是什麼。你可能發現你可以從以下活動找到慰藉，譬如大自然、運動、藝術、日誌記錄、諮商、儀式、呼吸運動、大笑、嗜好、友誼，或者跟同伴動物偎在一起，以及其他無數點子。

另一個額外的步驟是，你可能也要想一下哪些方法的效果不是很好，包括所謂的「權宜之計」（譬如透過某些物質或裝置來麻痺自己），這樣你才能努力去避開那類模式。未來在面臨任何緊要時刻時，才有早就準備好、可以信賴的首選方法能夠運用。

少了勇氣，我們就無法持之以恆地練習其他美德。我們無法做到善良、忠誠、仁慈、慷慨或誠實。——馬雅・安傑洛（Maya Angelou）

不復存在

無庸置疑地，要面對和接受我們生命有限這件事，需要很大的勇氣。在面對我們生命短暫或者說稍縱即逝的可能時，人們通常會疑惑：怎麼可能（有一天）我就不存在了？

不復存在（nonexistence）是一種難以置信的概念。事實上，我們的腦袋會積極地試著不去內化這種領悟。研究證實，人的腦袋會竭盡所能地保護自己免受生存威脅（Dor-Ziderman et al., 2019）。顯然，這是另一種根植於生存主義的手段。

在我們的邏輯思考裡，我們知道自己終將一死，但我們的腦袋會把它修改成它是完全不會發生的事情，或者說很久以後才會發生，不然就是只有別人才會遇到這種事。

你要如何面對這種歧異——這種在內心裡彼此爭戰的矛盾思維？這種主觀上的不協調？當我們思考死亡時，坦然面對神祕的未知向來不是件容易的事。思索生命的有限也一樣。這就像是一個空間，裡頭有看似荒謬的必然性和無解的問題不停在打轉。而你的這個空間，是屬於你自己的獨特空間。

所以，我們需要有很多有效和可用的應對技巧。挑出一兩個最適合用來寫入終活日誌的例子，把它們寫下來，可以從你以前那些可靠的方法裡頭挑選，也可以你自己再動腦想出一些新點子。

第 **3** 章
覺知生命有限

當你想到生命的盡頭時，你最先想到什麼？大多數的時候，我們不會去評估自己的想法——包括我們認為是很私密的想法，或者那些我們會在團體中分享的想法。但是只有先暫停腳步，好好思索我們對生命有限的各種想法——我們為什麼會有這些想法，以及它們來自何處——才能開始解讀和質疑它們的真實性。

活著和死亡，是無法用單一解釋來涵括的概念，因此很難去回答那個最大的疑問：存在的目的是什麼？有些人主張「我們的存在是為了去愛」，但也有人會從另一個極端的角度說，人類只是病毒和細菌的容器而已。

許多宗教和靈性團體都針對「原因何在」和「方法如何」這類問題各自提出主張。也有些曾逃過死劫（譬如有過瀕死經驗），或者從神祕的經驗裡遊歷回來（譬如有過幻覺之旅）的人，有他們自己的詮釋。只是說法互異。

你對何謂「生命」的現有瞭解、信念或感覺是什麼？對「死亡」呢？

_____

_____

_____

_____

_____

死亡是焦慮的源頭

　　「我們害怕未知的事」，這句俗語在死亡這個沉重的領域中廣為流傳。而真相是，我們活著的時候，對死亡完全不瞭解，甚至對生命也是——而這是我們人類的基本困境。將存在主義融入心理治療的精神病學家歐文・亞隆（Irv Yalom, 2008, 1）認為人類「永遠活在我們會成長、茁壯，最後無可避免地衰弱、死亡這樣的陰影下」。亞隆更是繼續提醒大家，死亡有能耐去引發那種無力、分離、失控和意義盡失的感受。對有些人來說，對於死亡的恐懼會大到甚至可能完全否定生命的圓滿與快樂。

　　在《死亡否認》（*The Denial of Death*）這本著作裡，歐內斯特・貝克爾（Ernest Becker）的理論是，有一種生物需求在控制我們對死亡的根本焦慮，而事實上這種需求正是所有人類行為的基本驅動力。

他寫道：「這就是它恐怖的地方——我們從無到有，有了名字，有了自我意識，有了深刻的內在情感，對生命和自我表達有了極度的內在渴望——但即便如此，終將一死。這就好比是場騙局⋯⋯究竟是哪位神祇竟異想天開地創造出這麼複雜又奇特的食物，只為了死後給蟲啃蝕？」（Becker, 1973, 87）貝克爾這番赤裸裸的信息充斥著許多心理上和哲學上的暗示。這些話可能成為宿命論的素材，也可能引領我們推斷出這一切都是隨機的。而且也不禁要問：為什麼？

為什麼我們會在這世上？這一切的意義何在？

受到貝克爾的啟發，社會心理學家傑夫・格林伯格（Jeff Greenberg）、湯姆・匹茨辛斯基（Tom Pyszczynski）和謝爾登・所羅門（Sheldon Solomon, 1986）提出了「恐懼管理理論」（terror management theory，簡稱TMT）。TMT認為人們是靠把自己浸淫在文化信仰裡，接受社會所詮釋的現實世界——也就是某種世界觀——來面對這種存在恐懼。而這些信仰和詮釋，會透過字面上或象徵意義上的永生不死來賦予意義、目的和希望，以便超越死亡。簡而言之，人們是靠著盡量逃避死亡來面對死亡。

比方說，許多重要宗教都對追隨者提供字面上的永生不死，承諾會有永恆存在的靈魂、天堂、來生、「第二次降臨」，或者輪迴。很多社會也會提供方法來達到「象徵意義上的永生不死」，包括成為一個「偉大國家」的一部分、累積財富和財產、得到顯著成就，以及血脈的傳承（歐內斯特・貝克爾基金會〔Ernest Becker Foundation〕n.d.）。我們藉由倚靠字面上的永生不死來安慰自己不要被這種俗世掛慮所擾，因為我們相信我們的肉體停止運作之後，仍存在著某種更了不起的東西。當我們致

力於象徵意義上的永生不死時，我們會試著將自己投射進未來，創造出屬於我們的印記（創作藝術品、寫書、生育等等），因此就算我們死了，大家都還會記得我們的名字。這些行動似乎都能緩解苦惱，同時也與死亡保持距離。

對這些與死亡焦慮和恐懼管理理論有關的理論，你的看法如何？你對字面上和象徵意義上的永生不死有何感想？給自己一個機會去評估和表達你第一時間的反應。

對生命有限的持平看法

在面對生命有限的恐懼時，我們努力做到字面上或象徵意義上的永生不死，這樣算是消極、積極，還是中立呢？也許「健康」或「不健康」才是值得深思的兩個字眼。又或許我們可以把對此貼標籤或進行批判的想法暫擱一旁，只純然接受這些都是「可以預期」的和「自然」的。數百項的研究已經做出理論證實，對生命終點的覺察可能會帶來緊張，降低心理幸福感（psychological well-being; Juhl and Routledge, 2015）。所以在閱讀這本書時，好好探索我們對生命有限這件事實的自身反應，似乎就變得很重要。

你過去對死亡給你的提醒，譬如親人去世的消息，你會作何反應？TMT研究發現到我們對生存威脅的其中一種反應，是認為那是別人的事，或者與那些會對我們自以為無敵的錯覺造成威脅的人保持距離。極端來說，這可能意味把任何提及死亡的事情拒之門外，甚至可能引發人們對那些不在他們信仰系統裡的人出現攻擊性行為。

這種行為也可能以更微妙的方式表現出來。比較常見的情況是，我們會打探某人病情或死因的細節來緩和我們的不安。我在我的臨終照護工作上經常遇到這種事。比方說，有人得知某人被診斷出肺癌，於是通常就會接著問對方有抽菸嗎？如果答案是肯定的，這會讓不抽菸的提問者鬆了口氣，因為他們自覺得到這種疾病的風險較低。又或者如果有人死於COVID-19，可能就有人會想知道這個染病者是不是還有其他潛在疾病（即不為人知的疾病）。若是感覺某種疾病與我們更切身有關，便越發威脅到我們對死亡豁免的認知。

如果你現在才意識到這種傾向，你以後可能會更常留意到。有時候你會親眼目睹別人正詢問某種疾病或死亡的具體細節，也有些時候你會發現自己正在探究這類細節。這很常見，不需要苛責——若詢問的意圖是為了傾聽，以便支持對方，自然沒有必要刻意避開。等你對這方面愈來愈有覺察力，你可能會發現自己不再像以前那樣需要那麼多資訊，因為你已經知道這種細究問題背後的原因是什麼了。

兼具作家與教師身分的佩瑪・丘卓（Pema Chödrön, 2000, 40）的解釋是：「我們愈是常親眼目睹自己在情緒上的連鎖反應，瞭解它們的運作方式，就愈容易克制它們。於是這成了一種使你保持清醒、慢下腳步，敏銳覺察的生活方式。」

你是否有想跟死亡保持距離的時刻？會的，你可能會有。我們都會有。當我在細讀死亡恐懼的調查研究時，我會發現自己感到愈來愈不安。過去失去親友的記憶會隨著眼前的擔憂不斷重現。我會被完全淹沒，茫然失措。身為一名臨終照護工作者和教育者，生命終點從來沒有離開過我的思緒。所以我怎麼會措手不及呢？呃，因為我也是人啊。不管我練得多扎實，有時候還是會感覺失衡。還好我知道這些階段都是暫時的，我可以靠練習正念穩定自己的情緒。

千萬記住，你，親愛的讀者，已經選擇要在這本書裡透過指引去探索自身的存在。你正在主導這場旅程——包括它的深度和最後目標。這一路上你會遭遇到重重挑戰，但你在書中會得到很多工具可以去一一克服。你有權用你認為最好的方法去製作終活日誌。

留下傳承

誠如TMT研究所指出的，有一種方法可用來處理我們對死亡的恐懼，那就是藉由各種足以代表永生不死的作為來超越它。我們可以選擇將它視為一種讓自己沉浸在有意義的事情上的邀請，進而將我們可能感受到的任何恐懼轉化為周詳體貼的方案計畫。

傳承（永生不朽）若是以有意識的方式去完成，就能讓這世界意想不到地美麗。有人會創辦慈善事業或年度籌款活動，也有些人會打造社區花園，因為他們知道這些努力會在他們離世之後延續下去。還有人全力爭取法律或規則的修訂。也有人會將無價之寶傳承下去，譬如不為人知的家傳食譜、某藝術家的工藝，或者祖傳的故事。哪怕是最簡單的好心之舉，或者體現價值觀的行為，都會讓你在別人的記憶裡占有一席之地。追憶禮物無分大小，都能用某種有利無害的方法將我們自己投射到未來，同時穩住我們當下的心緒。

為了挖掘出我們最偉大的夢想，現在就請花點時間好好想想你最理想的傳承計畫是什麼，然後寫在下面的空白處。如果金錢、時間和精力都不是問題，你想留給你的親人、你的社區，或這廣大的世界什麼樣的遺產？你認為什麼對你和其他人來說是最有意義的？你的想法可以很奇特、很奢華，也可以很簡單。

我夢想的傳承是：

反思

規畫你人生最後的傳承是什麼感覺？你對那些可能受惠於你的創作和贈與的人，有什麼樣的期待？

你的傳承如何反映了你是誰，以及你想如何被大家認識或記在心裡的方式？

就算你的傳承計畫似乎完全不可行，也可以從計畫裡頭的詳細內容看出你的美德和價值觀，而這也是讓你去練習覺知死亡的一種方法。

你記錄在書裡的所有內容，都將成為你留給後人的追憶禮物。這是面對死亡必然發生的一種健康做法。在未來單元裡，你將找到更多功課給你靈感。無論是簡短的訊息或是冗長的清單，你的終活日誌都將充滿各種深具意義的禮物。

要是覺得生命有限這件事令你無法招架，記住你可以將它轉變成良善的力量。想想看你可以跟別人一起創造和分享什麼——包括你的親人或者廣大社群裡的人（你認不認識都可以）。

直接向死亡學習

當你思考自己在死亡焦慮光譜上的位置時，千萬記住這些情緒起落鮮少是一成不變的，你也才會開始明白人們對死亡的看法，部分是來自於社會價值觀和信仰，以及文化習俗。尤其有許多西方社會對死亡抱持反感的態度——人們不去思索死亡本身，只想著要怎麼逃避它。為什麼會這樣呢？

為什麼活在這個時代中的我們，有許多人刻意與自然法則——也就是我們每個人都有生命週期一事——產生明顯的脫節呢？

這種對生命終點議題普遍會有的抗拒心理，部分源自於我們刻意漠視這個終究得去熟悉的議題。反正只要有生，就會有死，哪怕我們在這趟旅程中曾經像親人一樣陪伴過彼此。不過是幾百年前，人們都還會在成長環境裡親眼目睹自己的親人在家裡照料病入膏肓的其他親人。家人們會幫死者梳洗和做好入殮準備。社區裡的人會一起守夜，幫忙將往生者埋葬在簡單的墓地裡。但由於現代化和殖民化等因素，這種「由我們自己照護」的傳統大多已經失去。

在歐洲，從十六世紀到十九世紀，人類的平均壽命約在三十歲到四十歲之間。人們往往死得很快，鮮少能靠任何干預來阻止英年早逝，尤其是那些受感染或者面臨併發症的嬰兒。十九世紀之間，許多西方文化因為社會轉變和醫學的進步開始經歷重大變革。更多人接受醫療院所的照護，衛生習慣得到改善，現代防腐技術有了開端。此外，疫苗、醫藥和醫療措施，也變得愈來愈普及（在富裕國家裡），這些都延緩了眾多傳染病造成的死亡案例。

而所有這一切也帶來了生命終點的外包和醫療化。死亡大多不會出現在我們家裡，也不會經由我們的手來處理。死亡作為人類存在的一個預期部分，愈來愈少人親眼目睹。

對生與死的看法

回想你小時候。臨終過程曾是生活中不時會出現的一部分嗎？還是始終與你有段距離？死亡帶給你的啟迪是什麼？無庸置疑的，你對死亡這個概念的第一次遭遇或經驗，給你留下了不可抹滅的印記。

_____

_____

_____

_____

_____

_____

_____

_____

你第一次親友離世的經驗如何？這個經驗後來讓你推論出什麼？或者傳遞出什麼訊息？抑或帶給你什麼樣的信念？它們是無可動搖的「真理」？還是可塑的觀念？先花點時間反思，在下面空白處將你的想法寫出來，包括任何恆久的印象。

_____

_____

_____

_____

　　你是否能夠和他人分享自己的個人經歷或感受？為了恢復和加強關於臨終過程和對臨終照護系統的認識，我們需要講述自己的故事，並透過聆聽他人的講述來加深我們的理解。這裡，我先分享我自己遇到的第一次臨終經驗。

　　我第一次近距離參與臨終過程，是在我二十四歲的時候，當時我姑姑病入膏肓。她生病前，一向活力充沛，步伐輕快。她只有四十九歲，很難相信有任何事情可以讓她慢下腳步，更別提竟能從我們身邊將她的餘生奪走。胰臟癌，尤其在那時候，是醫藥束手無策的絕症。

　　當我們的表親打電話通知我，她媽媽已經住院，我最好盡快趕到時，我一分鐘也不敢耽擱。同事們的擁抱令我十分感動。在離開家之前，

我停下來快速地寫了一張字條給我姑姑——算是一種道別吧。我將它捲起來，塞進一隻可愛的絨毛玩具熊的手臂裡，那是她幾個月前送我的。我對這隻熊的用途沒有什麼特別的想法，但或許可以用來作為一種安慰和保護人的物品——有點像是護身符。

沒多久，我就來到醫院病房，裡面的至親好友全都圍在我姑姑身邊，姑姑一直半睡半醒。來到病房的我們都不知道該怎麼做，也不知道該如何度過這段時間。那種感覺既陌生又令人心煩。傍晚時，只剩下十來個親友還在病房。在這時，我聽從內心的聲音，請求與姑姑獨處幾分鐘——我的表兄弟姊妹和姑丈毫不猶豫地給了我這份禮物。

我小心翼翼地爬上姑姑的病床，偎在她虛弱的病體旁，打開我帶來的字條，大聲念出來，感恩她在我這一生對我的疼愛與鼓勵。雖然她睜不開眼睛，但她還是拿出所有力氣對我低聲說：「我愛你。」在我離開後沒過幾個小時，她的眼角滑落了一滴淚水，從此撒手人寰，進入神祕的死亡世界裡，當時她的兒女和丈夫都握著她的手。

我那時候並沒有任何參考框架或正式的指南，可以告訴我該如何面對這種經驗。我只是讓事情自然發生——而我也無比感恩我曾在最後時刻跟她有過連結。

而我第一次親眼目睹死亡瞬間，是在我三十二歲的時候，當時我祖父在家安寧。同樣的，我是帶著開放的心態再加上一些抑鬱和擔憂的心情展開這場經歷，完全不知道會遇到什麼。我祖母那時因為每天二十四小時臨床照護已經筋疲力竭，於是她離開房間想讓自己補眠，她知道她不在的時候，我會陪著祖父。我鼓起勇氣挨近我的「Lelo」坐下（Lelo就是西班牙文裡祖父的意思）。

祖父當時已經處於彌留階段，看上去並不痛苦——他沒有苦著臉、沒有呻吟，也沒有肢體上的緊繃。只是眼前他的樣子，對我來說還是相當嚇人。他向來又高又瘦，可是當時他的體重又減輕了很多。他的面頰凹陷，眼睛半睜，眼神呆滯。他側躺在床，身體縮得像胚胎一樣，呼吸不規則，四肢末梢都很冰冷，因為他的身體系統當下只能優先供應核心功能。當我從他身上學習這最後一門功課時，我留意到了每一個細節。

　　我聽人們對臨終高談闊論過。它究竟是怎麼回事？什麼時候開始？何時算是活著？何時算是臨終？也有人說這個過程就像某種勞動，類似誕生的過程，因為它似乎要費點功夫，需要時間和體力來完成。很多人把它形容成一種轉化，而這的確是我親眼觀察到的。

　　我的祖父當時理論上還活著，但他的身體顯然正穩定漸進性地進行變化。他雖然就在眼前，但卻遙不可及。我想瞭解他的意識——他是不是還有知覺，他是不是正在靈魂層面上或情緒層面上進行這個轉化。有太多事情可以思考，但更重要的是——要親眼看見。

　　這兩次的失親經驗，大大影響了我對生命終點的個人看法。還好這些體驗都有人在旁支持和安慰，所以兩次的喪事都沒有帶來太大的傷痛或焦慮。而在這些死亡經驗裡頭，有些層面是我希望在輪到我的時候也能親自體驗到的。我希望我的疼痛可以被管理得當，有任何不適都能被解決。我希望身邊圍繞著我的親人，並在最後一刻得到安慰。不過，不是所有死亡都以同樣方式展開。有些比較複雜，而且有可能死亡曾以不同的方式來拜訪過你。

你和臨終過程有過第一手打交道的經驗嗎？如果有，感覺像什麼？如果

沒有，你覺得這會對你的看法造成什麼影響？

_____

_____

_____

　　如果你對死亡的初體驗是突如其來的，那會是很沉重的消化過程。非預期的喪親之痛——譬如暴力、意外、非預見的疾病，或自殺造成的死亡——通常都涉及到很多因素，並且交互影響。沒有時間道別。沒有機會在最後的時刻關心到對方。震驚之餘還可能攙雜著懊悔。哀痛的情緒也總是被擺脫不了的質疑聲音打斷：我早就知道了嗎？我少留意了什麼？我本來可以做什麼來預防它？這種傷痛通常是很巨大又持續很久的。通常需要耐心和全面的支持，以及充足的時間慢慢療癒。

　　除此之外，把注意力轉回自己身上，並意識到自己無法控制跟死亡有關的每一件事也會很難。它會突如其來地出現嗎？它是可預期的嗎？是很快死去還是慢慢死去？就我個人而言，由於我親眼目睹過也從中學習過，因此我知道死亡是可以是很平和的，這一點確實令我感到慰藉。通常這當中也會有美好、恩典、喜樂，和愛的時刻——尤其如果他們在大限到來之前，曾和他人進行過坦誠的對話。雖然不是每個案例都如此——這沒有絕對的保證——但對我們這些從事臨終照護的人來說，例子已經多到足夠我們在照護過程中，建立起一套扎實的信任。希望你在這本書內外所做的練習，也能有助於強化你的信任感。

於此同時，未解決的問題可能會變得日益嚴重。揭示你內心的想法可以讓你得到解脫。關於死亡，你還有哪些疑問？擔心什麼？掛慮什麼？還有什麼其他推論？直接對死亡寫下你要說的話，把此刻你心裡想到的事情都提問出來。

親愛的死亡，

_____

_____

_____

_____

_____

_____

_____

反思

寫信給死亡的感覺如何？它有拉近你對人生終將落幕的這個概念嗎？最後要說的是，若我們邀請死亡成為日常生活裡一個沉默的同伴，它的存在似乎就不會那麼嚇人。我們勇敢地投入善終練習的準備——思索過我們對死亡的看法，或者我們想傳承給後人的東西——我們可能就會發現自己是在用方法將僅剩的時間和精力，優先放在能配合我們價值觀的事情上。也許到那時候，我們所做出的選擇——不管是平凡單調的選擇還是重大決定——都將被注入更多的使命感，而不再是由恐懼所推動。

第 **4** 章
死亡象徵

死亡象徵 *Memento mori*（拉丁文）的意思是：記住死亡。

死亡，是我們始終躲不掉的終點，也一直是我們生命中的一部分。人類總是掙扎著想去調和它的不可避免性。

練習「死亡象徵」的功課，據信始於古羅馬時代打完勝仗後所舉辦的儀式性遊行。著名的軍事領袖會坐在雙輪馬車上，在擁擠的街道上遊行。領袖身後會有一個奴隸，奴隸唯一的工作就是不斷低聲說：Respice post te. Hominem te esse memento. Memento mori! 翻譯出來的意思是：「看後面，記住你只是凡人，記住你必將死去！」這一傳統的目的，是要提醒備受尊崇的領導者保持謙卑，要知道任何光環和物質甚至生命存在本身都是轉瞬即逝。

在古羅馬之前和之後，也有其他文化、宗教和靈性團體，創作出對生命短暫的類似致敬方式。終歸一句話，死亡象徵的提醒可以釋放我們對死亡的部分恐懼，幫助我們把注意力轉移到我們當下擁有的時間和機會上。

在你繼續往善終這條路上前進時，思索死亡象徵這件事能為你帶來什麼心得？

記住死亡

自從進入臨終照護的領域之後，我幾乎沒有一天不花上幾個小時來思索自己的生命有限。有時候有些提醒——譬如新聞報導裡看到某家人跟他們至愛的母親道別——就會令我心碎。它們觸動了我的心，我會想到要是這故事發生在我們自己身上，我的親人將遭遇到什麼樣的痛苦。我會想像這個世界沒有了我之後仍然照常運轉，我也會想到自己還沒完成的計畫。

也有些時候，矛盾的是，我發現自己對生命終點這個議題感到好奇，渴望得到只有死亡本身才能提供的解答。此外，死亡的提醒也可能激勵我和賜給我動機。我很相信一句話：「我再也沒有比『現在』更多的時間。」這句話能鼓勵我擁抱當下此刻，因為它是唯一能被掌握的一刻。

另一方面，有時我也會被這世界的苦痛搞到筋疲力竭、疲憊不堪，想要暫停一下，直到找到平衡為止。你要懂得適時充分休息，才能有熱情和活力繼續去享受生命的存在。

我每一天終了時，都會做生命有限的自我提醒功課，通常是在我和我孩子道晚安和爬上自己的床之後，我就會暫停一下，承認自己在世的總天數又少了一天。我會深吸一口氣，讓這個思緒滲進來，同時反問自己：我為這一天感到驕傲嗎？或至少覺得滿意嗎？我有沒有留下什麼話沒說或什麼事沒做？我會希望事情能有不一樣的發展嗎？在我內心裡，我可以原諒什麼？如果還有機會的話，我明天想嘗試什麼或避開什麼？什麼進行得還不錯？我可以慶祝和感恩什麼？

象徵性提醒

　　除了夜間儀式之外，我也會在住所各處放置提醒物。在我的辦公室裡，有一付簡單的手工棺木充當書架使用，直到最終有一天被拿去完成它的最後用途。每當我寫作或教學時，我的目光會不時落在放在棺木上的東西上。首先映入眼簾的是一張照片，上面是南西姑姑其中一個犯傻的表情，我很想念她，這張照片提醒我不要對自己太認真。再來是一張我母親抱著還是嬰兒時的我的照片，它提醒我時間過得有多快。這些照片的後方是一張圖畫，畫裡是一棵秋天的樹，那是我和我女兒一起畫的，它提醒我不要忘了四季變化。在旁邊的架子上，我有兩塊願景板，提醒我把目標隨時寫下來，好好努力達成。我姑姑當年送的那隻填充玩具熊上仍然塞著那張捲起來的道別字條，就擱在我有時候守夜時會拿來閱讀的一疊詩集的前方。我也在其他架子上放置了一些東西，包括我兒子製作的禮物，我珍藏的兒時讀物、相簿和剪貼簿，我在我公公病危時為他刻的護身符，一幅我和某位接受安寧的客戶一起完成的落日圖畫，還有我的終活日誌。除此之外，那裡還披掛著一件深藍色的「祈禱披巾」，它是一位志工織的，在我祖父臨終時送給了他。

　　死亡象徵物會喚起我們心裡的一些特定反應。如果說要靠覺知死亡的練習來讓自己更有活力地好好過日子，你會考慮挑選什麼樣的提醒物呢？在你的口袋裡放一枚代幣嗎？就像古羅馬時代的那些獎牌，有些上面有代表死亡的骷髏頭、代表生命的鬱金香，還有代表時間流逝的沙漏？又或者你手上會戴著一只有死亡象徵的戒指，就像英國攝政期（Regency）和維多利亞時代（Victorian eras）的人戴的那種戒指。你會

陳列一些受到 *danse macabre*（死亡之舞）啟發的視覺訊息嗎（譬如描繪人們不分貧富跟骷髏一起共舞的畫面，這類畫面來自於中世紀晚期）？或者可能走虛空畫派（Vanitas）路線，這是巴洛克時期（Baroque）的荷蘭靜物畫，描繪的是生命的流逝和虛空？

什麼在召喚你？

你的死亡提醒物，可以很明顯也可以很低調，只要它們能對你發出訊號，讓你醒悟就行。比方說，我有一條項鍊，上面有我女兒幾年前留下的拇指印，它一直掛在我胸口。你可能會拿什麼來當死亡象徵？你對它們的用途有什麼打算？花點時間收集點子，然後寫出其中的心路旅程。

我的死亡象徵物會是……

_____

_____

_____

_____

_____

_____

它們的用途是⋯⋯

_____

_____

_____

_____

_____

_____

_____

_____

_____

_____

反思

你對死亡象徵物的運用，有什麼樣的期待？在你想像中，它們的存在會如何影響你的日常生活？這是全新的概念嗎？還是你早就在做的功課？如果你已經習慣定期對著死亡象徵物思索，能找到方法來強化這種習慣嗎？也許是從頻率或意圖上著手。

如果你開始要把死亡象徵——這類物件能提醒你死亡的不可避免和生命的美好——融進你的日常生活，或者讓它們更深入其中，這裡有幾個訣竅可以參考。

讓提醒物成為日常生活裡的良伴，但不要過度迷戀。行為是可以透過時間的日積月累和全心投入來變成一種習慣，但我們要盡量保持提醒死亡與生活充實這兩者之間的平衡。

設定心理提醒。計畫在一天當中的固定時間定期思索死亡——譬如一早醒來時，晚上睡前，或者午休時。只要保持下去就會養成習慣。

設定日曆提醒。如果心理提醒還不夠，可以考慮安排特定時間暫停腳步，進行反思。確保這些時間能夠融入你的日程安排，建議選擇比較空閒或比較彈性的時間。

從宇宙或宗教資源尋求更多訊號。除了你有意識安排的物件和時間之外，還可以去尋找更多例證和確認。

由於我已經擁抱並覺知死亡很長一段時間，因此我更能夠留意到平日生活四周出現的各種死亡象徵提醒物。反差似乎是很普遍的情況。在我的廚房裡有不少室內盆栽放在水槽後方的窗沿上，但在它們上方卻有一大塊已經石化的黑色樹根，那是我和我丈夫在林子裡散步時找到的。我當時立刻被它的顏色和形狀吸引，愛不釋手。我經常會在戶外看到新芽藏身在正凋萎的花兒後方，或者去年蔬菜留下的豆莢在告訴我今年仍會有收穫。

它們提醒我：生命讓位予死亡，死亡讓位予生命。

第 **5** 章
無常

一切都在變，但如果這種變是漸進的，就幾乎察覺不到。比方說，小孩和小動物以難以置信的速度長大，但他們每天的變化並不明顯。我們臉上的皺紋和頭上的白髮，會隨著老化慢慢占據我們的外表。但通常是在我們看到不同時期拍的照片時，才留意到竟有了這麼大的變化。

同樣的，不管是很輕易就被徹底遺忘的小事還是重大的事件，也統統不會恆久長存。眼前這一瞬間還在，下一刻就不見了。任何有情生物都有他們既定壽命。就連太陽也註定終有一天不復存在，不過那可能是好幾十億年以後的事了。

身為人類，我們對無常有著初步的理解，但我們卻常常把期望建立在情況和關係將永遠持續下去的觀念上。當事情突然生變或者告終，我們就可能很震驚，甚至覺得受委屈。

回顧往日，你是怎麼迎接那些變化的？把它們當成不速之客，打斷了你原本以為可以預期和永久不變的事情？或者把它們當成上門送來某種禮物或教訓的客人？你可能發現自己身處在這兩種極端之間的某個位置上，端看當時的環境背景和你的心態而定。最終，當我們能夠承認轉變和結束的可能時，我們可能會更加開放地接受無常的必然。

回憶我們的「最後一次」

　　每當我覺得自己夠勇敢，又格外念舊時，就會讓自己去回想許多的「最後一次」。我會憶起許多很珍貴的回憶，譬如在我外公外婆的房子賣掉之前，我做的最後一次巡禮──屋裡總是瀰漫著我外婆烹調家常智利－義大利菜的味道，指尖摸到的壁紙的觸感。也或者我會回想最後一次上台表演舞蹈的經驗，聽見如雷掌聲淹沒了我那如擂鼓般的心跳。又或者我會回憶跟我孩子們一起玩的「餐館」或「火車」遊戲，他們現在都長大了，再也不玩這些想像的家家酒了。

你有想到任何「最後一次」的回憶嗎？如果有，它們讓你想起什麼？你很懷念那個已然不再的經驗嗎？還是渴望再回到那個當下？又或者這兩種情緒都有？

_____

_____

_____

_____

_____

對我而言，回憶「最後一次」會產生某種自找的傷感。雖然有些人可能會想逃避多愁善感的情緒，我卻愈來愈能享受這種隨之而來的小小心情波瀾。有時候我很懷念過往，也有時候我很感恩曾有過的過往。不管我的情緒落在情感光譜的哪一個地方，我都感受到自己是活著的，「這才是**最重要的**」。我提醒自己——重要的不是那些物質，而是活著的感覺。

　　但這是理想的目標，我不見得都能成功地迎接和達陣。但與其轉向那些能帶來刺激或麻木的人造裝置（譬如飆車、使用會麻痺神經的物質，或者玩手機），靠它們來取代或穩定自然的情緒，我情願設法擁抱生命免費供應我的這一切——包括失望、喜悅、終曲，和各種連結。我也邀請被我支持的人一樣去反思這些主題。

　　有時候，這類反思會讓我們重新連結到那些未經審視的時刻和關係。當然，想不想檢視自己的過往，一直都是個人的選擇。有一次我去拜訪一位長期接受安寧療護的個案，我看見客廳角落擺放了一台老舊唱機，於是我詢問對方，誘引他對話，因為我知道那東西可能會引領我們走進記憶的長廊。但他卻只簡單回應這東西有改良過，可以每分鐘七十八轉，然後就換話題了。他對緬懷往事不感興趣。

　　但是我離開之後，那東西的影像一直在我腦海裡徘徊不去。它最後一次播放音樂是什麼時候？是在某個平常工作日的晚餐時？還是某個特殊場合？播放的是悲傷還是快樂的歌曲？是古典樂嗎？還是流行歌曲？而令我最在意的是：有沒有人知道那將是最後一次用它播放樂曲，這是它的告別曲？

　　你能敞開心房去深入探索你的「最後一次」了嗎？如果可以，接下

來請讀以下詩句，反思裡頭的提醒。

〈關於喜悅與悲傷〉（On Joy and Sorrow），作者紀伯倫・哈利樂・紀伯倫（Gibran Kahlil Gibran, 1923）

彼時女子說，跟我們聊聊喜悅與悲傷吧。

於是他回答：

你的喜悅是沒有戴上面具的悲傷。

那口浮現你笑聲的深井，往往也是盛滿你淚水的同一口井。

不然還能是什麼呢？

刻進你靈魂裡的悲傷愈深，你包容的喜悅就愈多。

你那只盛滿酒的杯子不也曾在陶工的烤爐裡被燒烤過嗎？

你那把撫慰你心靈的魯特琴不也曾是一塊被刀子刻成空心的木頭嗎？

當你喜悅時，請深深看進自己的心，你會發現是那些曾經讓你悲傷的，正在賜予你喜悅。

當你悲傷時，也請再看進自己的心，你會看到你其實是在為你曾經的歡欣源頭哭泣掉淚。

在我們繼續之前，先花一點時間好好思索紀伯倫的話。

現在回想你生命中任何令你難忘的「最後一次」。它們可能是真正的道別，或者最後一次見到某人。它也可能是你最後一次做某件很特別的事。可能是工作上、學校裡，或者所愛家園的最後一天。寫下你對那幾段時光最難忘的回憶。

反思

對曾經過往的思索，感覺如何呢？回味這些「最後一次」會令你感動嗎？它能讓你更敞開胸懷地去感受它們所帶來的力量嗎？還是害你悲傷？於是不得不轉身遠離這些回憶？它有刺激出一連串的情緒嗎？你會從這個練習裡帶走什麼，讓自己繼續前進？從此以後你會更常留意到**最後一次**嗎？

_____

_____

_____

_____

_____

_____

_____

_____

_____

記下這一瞬間

有時候我們會知道某件事已經是最後一次了，所以我們也許能夠創造一種方法來紀念它。患有絕症、已經接受了自己預後狀況的人，可能會希望計畫一些活動作為他們最後願望的一部分。這可能包括最後一次去海邊旅行，或者最後一次和所有在世的親人聚會。這也可能意味他們想回到年輕時曾經工作的市場，或者前往他們一直很嚮往的地方旅行。

在我以臨終導樂師的身分支持人們之前，我以為如果我得知被診斷出絕症，我的反應一定會是（1）立刻抱怨這個晴天霹靂般的消息，然後（2）趕緊草擬我的「遺願清單」（也就是我在臨終前想要完成的事）。但現在我不確定了。生命的盡頭，是一段面向繁多又複雜的時期。一個人的能量會隨著死亡的趨近慢慢下降，有時候也會因療法或甚至病程本身有不適的副作用。不僅如此，還有永無休止的預約就診，以及無窮無盡的醫療決定，在瓜分當事者的注意力。

如果你正面臨某種疾病或某種診斷，你可能會對以下這類問題感到好奇：

- 我該尋求第二意見（或第三意見）嗎？
- 我要繼續做有療效的治療嗎？
- 我應該考慮臨床試驗嗎？
- 我應該接受緩和醫療（palliative care，或稱安寧療護）來消除疼痛和痛苦嗎？

從比較務實或形而上的層面來說，你可能會問：

- 我要繼續住在家裡還是搬到別的地方？
- 我的事情都有安排好嗎？
- 我已經挑好一個代理人在我沒有行為能力或表達能力時，代表我表達我的喜好嗎？
- 我心愛的寵物和我所有的物品會怎麼處理？
- 我現在可以做哪些準備來確保我的親人日後不會有太大負擔？
- 我需要有什麼樣的對話？我需要完成什麼工作？

在這些複雜的連串詢問下，我自己的看法也進化了。生命的盡頭也許不是展開遺願清單之旅的理想時機！反而我現在就打算定期解決和完成所有的準備，而不是（1）保護自己躲開那件不可避免的事實，或者（2）儲備一堆至最後階段才要進行的不切實際的計畫。我會設法提前規畫我能辦到的事，以及和對我來說最重要的人進行重要對話，聊一聊這世上最重要的事情是什麼。而且我會趁我有時間和精力的時候，努力將我的遺願清單整理得務實一點，同時承認不管壽命多長，都可能還是覺得這一輩子的時間太短。

你是在自己目前的現況下來讀這本書。也或許你在重病之前，就在思考這些事，又或許死亡可能正等著上門。不管是在哪一種情況下，現在就開始省思或重新省思這些主題，時間都不早不晚剛剛好。無論你是不是已經想好自己的遺願清單，都花幾分鐘時間好好想清楚。將想到的都寫下來。

我的遺願清單是……

_____

_____

_____

_____

_____

反思

你現在能挪出時間和資源來實現任何一個目標嗎？有什麼是看起來太遠大或不可企及的？有什麼是比較容易做到的？有必要對它們進行優先排序嗎？

至於先前提到過的那些較為實際的問題——譬如把你自己生活層面裡的大小事情安排妥當，為生命的終點做好必要的務實準備——可以參考附錄裡的資源，瞭解更多詳情。

_____

_____

告別的藝術

除了去完成目標和實現遺願清單裡的夢想之外，我們也可以練習告別的藝術，無論我們人生最後階段的那個時間點是什麼，都能先做好準備。與其讓自己每次都匆匆忙忙地做個結束，我們其實是可以試著去緬懷這些轉變的時期。

當然，這並非易事，因為新的開始充滿誘惑。畢竟新的開始總是充滿各種令人感興趣的東西和未知的前景。對我們多數人而言，專注在下一件事情會比緬懷過往來得更吸引人。但這樣的誘惑會害我們無法充分體驗生命所提供的全貌。如果我們刻意自我保護，分散自己對悲傷和複雜情緒的注意力，就會害我們永遠無法為重大的轉變做好準備。如果我們在這一路上能夠開始去承認那一個又一個的小小終點站，也許就會比較懂得如何應對未來那些更巨大和更深層的終點。

幾年前，我的家人開啟一項傳統，利用「祝福石」來紀念對我們來說意義重大的某種終點或起始點。當時我們心愛的狗狗貝拉（Bella）死了，我們全家人都參加了牠的告別式。孩子們那時很小，我想確保這種參與不會傷害到他們幼小的心靈，於是一開始我們大家都出外尋找大自然賜予的特別禮物——通常是一顆石頭，但也可能是一顆松果、一朵花、一片葉子，或其他任何東西——然後我們圍站在我丈夫在花園角落裡挖好的墓穴旁邊，輪流伸手拿出我們準備好的簡單禮物，說出對貝拉的想念、感恩和願望。我們流著淚將禮物丟進墓穴裡。那是精心安排的一種簡單的處理和療癒方式。

什麼方法可以讓某種轉變顯得格外「有意義」，這其實沒有一定標

準，但是每當有格外特別或者值得一提的事件即將到來或正要開始時，我還是會搬出祝福石這一招。在COVID-19大流行的那個初夏，我跟家人逃到我祖父母湖邊的屋子裡暫居一個禮拜。由於封城期間，我們被困在家裡太久，因此場景徹底轉換的那種新鮮感太棒了。日子一天天過去，我們去游泳，玩桌遊，看書，當我們在戶外升火烹調食物時，夕陽熒熒映現在湖面上。那段時間剛好疫情有暫時趨緩的現象，於是一些親友也都來訪。總而言之，那段日子很神奇——就像是低壓生活，而這也剛好是我們重新充電所需要的。

等最後一天來臨時，我們的心情反而很沉重。最後一個早上，在整理行李和打掃屋子的時候，傷感的情緒被暴躁取代。但我討厭帶著負面情緒離開這麼美好的地方，我知道我們必須回到傷感的層面才行。我們得給自己的情緒一點呼吸的空間。於是我按下雜務工作的暫停鍵，要求家人們出去收集祝福石，然後到碼頭那邊找我。

等到集合完畢，我要求每個人回想我們齊聚這一週最令他們回味的時光。然後輪流拿出自己的祝福石，開始分享：

> 我們在槳板上喝咖啡和茶，欣賞日出，跟朋友一起跳水床，生火，玩飛盤，看漫畫，看以前的卡通，吃煙燻切達起司和義大利辣腸，看見我們的親人，向冰淇淋船買點心和冰淇淋。

各種回憶逐一湧現，然後我們把石子拋進湖裡，或者用它來打水漂兒。我們發現這樣的美好回顧把注意力拉回了感恩的心情上，能夠拾起我們有過的快樂心情繼續前進。當然，在我們回歸正常生活時，心裡還

是有一點不捨。但這種苦中帶樂，證明了那段我們曾經珍惜過的時光的確存在。喜悅和悲傷是可以攜手並進的。

你有類似經驗嗎？你和你的家人或朋友，也會利用某種儀式來紀念某件事的告終或時光的逝去嗎？你現在想創造出一個什麼樣的傳統？

_____

_____

_____

_____

_____

不是如果：接受不可避免的事實

當我們無法接受改變或結束時，我們往往會陷入一種神奇的思維。我有個親戚就拒絕說：「等某某往生的時候……」而是說「如果……」。邏輯上，她知道這是在一廂情願，但害怕失去的心理卻讓她盡可能地壓制住現實。

死亡給人的感覺像是終極敵人。儘管不可避免，但卻讓人完全無法接受。我們該如何應對呢？

其中一個可能是透過我們使用的語言，將對生命有限的覺知帶進和

他人的對話裡，以及我們所分享的故事中。我們有很多人——尤其是那些常陪伴幼童和青少年的人，都有機會能跟年紀較輕的人分享我們所知道的事情——也許是為了回應他們的提問，或者是幫忙他們對可能必須面對的情境做好心理準備。死亡當然也是這類情境之一。

比方說，當我祖父母過世時，我的孩子都還在上小學。大家對於要不要讓他們參與喪事各持己見。經過深思熟慮，我們決定邀請他們根據自己的意願參與進來。他們會提出問題——有些是很存在主義的問題，有些則很務實。有些問題我能回答，也有些問題我在回答時也跟他們一樣一頭霧水。我選擇不去假裝自己什麼都懂，反而是靠著開明的溝通態度與他們一起探索那些回答不了的疑問和起伏的情緒。

為他們曾祖父守靈的那天下午，我們談到接下來會遭遇的事：守靈的現場是一個我們從來沒去過的地方，看起來有點像是一棟屋子，裡面有幾間起居室，會有很多人來，大多時候都很安靜，有一點背景音樂，會不停播放照片幻燈秀，會有人哭，也會互相擁抱。而最重要的是，曾祖父會被放在木棺裡安息。他們看過叔公們製作的那付木棺。我還特地解釋曾祖父看上去很安詳，不過他不是在睡覺，他的身體已經停止運作，心臟不再跳動，也不再呼吸。曾祖父已經死了。我讓他們知道如果想要的話，可以上前與他道別，但這件事他們不需要提前決定。

慶幸的是，孩子們在現場有專人（我母親，也就是他們的外婆）願意協助幫忙照顧，要是他們決定時間差不多了，想要離開，她也願意先陪他們離開。這樣一來，我才有機會和我平常不太能見到的親友交流，因為我很放心我的孩子們是有人照料的，而且也已經準備好退場機制。最後，孩子們都來了，他們看到了，也探訪了，對失去親人這件事也勾

勒出了某種參考架構。他們向曾祖父道別，把注滿愛的簡單禮物（祝福石）放在他緊握的雙手旁邊。而我也有機會盡我所能地幫他們做好心理準備去面對可能遭遇的事，並在他們遭逢這些情況時陪在身邊。

你呢？關於死亡這個話題，你曾和你的親人有過什麼樣的對話——或者是與某種巨大轉變或整體變化有關的話題？

_____

_____

_____

_____

如果你在這方面沒有什麼太多機會，那麼在死亡或者巨大轉變的話題上，你想跟你身邊的人有什麼樣的對話？

_____

_____

_____

_____

當然，要帶孩子或任何人認識生命的最後階段，並沒有唯一正確的方法。但我認為我們有道德上的義務，有責任更早、更有意識地做好準備和互相支持。這樣一來，未來的世代就能更具有死亡識能（death literacy）。

由於我的臨終導樂師工作，我的孩子們對生死並不陌生，但是我跟他們的應對方式，並不會超出任何人在生活中與他們的孩子或任何他們所關心的人應對的容許範圍。我會試著根據孩子們的好奇心、生活中出現的情況以及我知道最終會發生的事情來探討複雜的話題，但希望不會讓他們感到不知所措。也因此，我們一起經歷了各種情緒，包括預期中的悲傷。這很沉重，但我們總是在強烈情緒浮現時，給予最溫暖的擁抱。

此外，我也會提醒他們：正視生命的有限，不代表我們一定要很高興它的存在。

正向面對死亡

在禮儀師凱特琳・道堤（Caitlin Doughty）的推廣下，「正向面對死亡」（death positivity）成了一種運動，目的是要正常化臨終過程，就像當年「性革命」運動（sex positivity movement）曾鼓勵大家健康討論人類性活動一樣。誠如道提的網站「善終的秩序」（The Order of the Good Death, n.d.）所解釋的：「對死亡積極的人相信公開談論死亡不是病態，也不是禁忌。他們認為對死亡和臨終這兩個話題所展開的誠實對話，才是一個健全社會應有的基石。」

雖然使用的是「正向」這個字眼，但不代表大家必須很得意生命有

終點這件事。我們不需要為了它的可能發生，騰出空間去熱切地等待死亡降臨或張開雙臂擁抱它。當我們陷入失親之痛時，也不需要去漠視失望或憤怒的情緒。

我們與死亡的關係是波動的，這和任何持久的關係都一樣。有時候我們可能會想盡辦法不想承認死亡的存在，而這取決於我們的情緒容忍度。但也有時候，我們可能因為著迷這個主題或者因信仰的啟發而朝它趨近。對死亡維持長期但有彈性的覺知，不僅能讓我們更懂得珍惜當下，也能讓我們做好準備去迎接閾限時刻（times of liminality）的到來。

閾限空間

任何轉變都有一個起點和一個終點。閾限空間（liminal space）就是銜接這兩點的地方。它是夾在這兩者之間的空間。生命中的許多變化，包括預期中和意料之外的，都包含這種進程——而生與死是最令人震撼的。當了多年臨終導樂師的我，留意到人們在面對這種閾限時有多不安。

生命本身就有許多這類漫長的交替時期。懷孕過程就是某種閾限空間。簡單的說，一個沒懷孕的人後來懷孕了，然後又不再懷孕了。整體來說，這是一種巨大無比的轉變；但細分之下，它又是一連串許許多多微乎其微的變化。不過，我第一次留意到閾限這兩個字，是來自於分娩時的陣痛。

產程中的用力狀態，是閾限空間的一種極端又簡扼的例子。身體因荷爾蒙的急劇上升和生理衝擊，經歷到非同小可的震盪。我就是在這時

候從那些親眼目睹這整個過程的人們身上，留意到各種不同反應。有些人可以保持冷靜、專注和充滿自信。他們會旁觀、等待，單純待在那裡。這些人可能是陪伴孕婦的親人，以及護理師、助產士和產科醫師。

但也有些人覺得生產這過程令人難以忍受，所以必須做點什麼──任何事都好。他們會製造聲響來填滿無聲。他們會指揮或下令，而不是讓產婦去聆聽自己的身體。當然，介入手段有時候是必要和可以救命的，但就算是在順產狀態下，有些人還是執意介入。

留意到這些不同之後，我開始深思為什麼會有這種不安。雖然比較緊張的人可能是因為缺乏完整訓練，或者不曾看過「正常」的分娩過程，又或者可能是以前經驗有些棘手，而因此留下了印象，但我推論罪魁禍首來自於人們對痛苦的極度不安。我們往往會想要保護自己，遠離痛苦。我們通常會轉身離開，不知該如何回應，或者擔心我們可能會讓事情雪上加霜。又或者我們會設法加快速度，想要趕快熬過這段棘手的過程。

我在臨終這領域也見到這種傾向。最明顯的閾限空間例子是，當有人正等候一個重大的診斷結果，或者各種療法選項的最後答案時。這段等待時間就會很難熬，面對未知是令人揪心的。所以常聽到人們說，一旦確定了自己面對的是什麼，反而覺得解脫，哪怕這個消息本身令人震驚。

另一種類型的閾限空間發生在臨終時。這個時候，通常沒有什麼可做的。他們不再需要飲水或進食，這是格外令人傷心的轉變過程，因為很多人是透過提供營養來表達關心。這段期間，病入膏肓的病人通常不再能對親人做出任何回應或留贈遺物──譬如一封遺書。過程中雖然仍

有零星的個人照護或用藥，但氛圍會更寂靜。時間變慢了。照護者和訪客開始明白這是最後階段，隨著終點接近，心裡預期愈來愈強烈，結束的承諾變得具體。

在這種時候，我可能會溫柔地鼓勵他們去完全擁抱當下發生的一切，冷靜記錄臨終過程的變化，以及它們可能代表的意義，同時認識到每個人對自在的定義程度不同。我也可能會提出一些可以繼續交流的方法，邀他們與臨終者直接對話，也可能邀請他們分享一些珍貴的回憶或故事。

這段時間不需要用任何忙碌的瑣事或為「之後」做計畫來填補。未來幾天會很漫長，隨之而來的是失落所帶來的空虛。所以，現在此刻就專注在當下——盡可能地去真正體驗和理解眼前正在發生的事。

你有經歷過這種充滿奧祕的閾限空間嗎？

你有發現自己會為了避免不自在而轉身逃離這種閾限空間嗎？如果有，請務必瞭解這是面對痛苦時常有的反應。如果你繼續吸收臨終領域方面的知識，就可能也有勇氣去面對你覺得無法忍受但又不可避免的事情。

探索閾限空間

閾限空間，或稱「交替階段」（in-between phase），當時間慢下來之後，最好在更廣泛的框架裡加以理解。藉由儀式──標誌或構成一個人生命中重要里程碑或變化的儀式、事件或經歷去充分理解。（請參考韋氏字典〔Merriam-Webster.com Dictionary〕rite of passage詞條下的解釋。）

人類學家從古至今跨越文化地找出了許多不同的生命過渡儀式，出生和死亡也在其列。它們都有三個共同元素：

1. 切斷（severance）
2. 邊界（threshold）
3. 併入（incorporation）

切斷，是所謂的臨界點。若要開始進行一段儀式過程，就得先跟舊有的切斷，做好準備，進入未知。一家叫做儀式過程（Rites of Passage, 2015）的組織是專門帶領荒野探索的，它把儀式過程形容成「準備階段，你要把一切拋在腦後，將這趟旅程需要用到的身心靈整合起來」。當一

個罹患絕症的人到達「臨界點」時，有時候會感到一種「築巢」的迫切感，就像準備迎接新生兒的父母會有的那種心理。這一連串慌亂的動作裡，可能包括清理、組織，還有幫自己、自己的家，以及親人做好準備去迎接即將到來的一切。

邊界，就是閾限空間，會出現在切斷之後和轉變降臨之前。它是介於兩個世界之間的那個空間，你會在這裡放手舊有的一切，但新的還沒被建立起來讓你倚靠。以生小孩為例，它包括了懷孕、生產和出生。至於對死亡而言，這個邊界是指終點正在趨近，病人轉變成垂死狀態，開始對外關閉。他們花更多時間睡眠，就算醒了，似乎也很疏離，彷彿身處在另一個國度。對照顧者來說，有時候會覺得被照顧者一直在推開他們。其實這是這趟旅程裡很自然的一部分，因為這位旅行者正在進入別人無法觸及的深層狀態。

併入，是一個人以全新姿態重新出現。它代表已經整合了這趟征途裡所有得來不易的一切。以出生為例，這會發生在生下孩子後，就得背負起新生兒的父母角色。而在死亡裡，人們對接下來會發生什麼（如果有的話）抱有各種各樣的希望與信念。我們可以從某個人死後留下來的後人（遺族）的角度來理解這個階段。無庸置疑地，他們的視角已經有了改變，可能覺得自己支離破碎。這種重新拼湊出全新自己的過程，以及對已然改變的世界所做出的理解，都是併入裡的一部分，也是憂傷之餘自我癒合的一部分。

你認同或尊重你生命中的儀式嗎？──包括事件全新開始、事件告終、出生或死亡？如果答案是肯定的，這些傳統是根植在你的文化、宗教或

信仰裡嗎？還是你是透過別的方法養成的？如果你還沒有真正紀念過些儀式，你會考慮更正式地執行這種傳統嗎？

融入無常

在吸收本書這部分涵蓋的一些概念，譬如死亡象徵和無常之後，你會愈來愈熟悉善終的功課，而這裡有一些忠告要謹記在心裡。你可以逗留徘徊，但不要依戀不放。你要細細品味其中的喜悅和連結，擁抱會讓你微笑的一切事物。

然後，記住你永遠不可能用完全一樣的方法再重複一遍經驗。容許自己出現悲痛和感傷的情緒，但也緬懷曾經的過往，這是很有力量的。回憶可以創造出一種歸屬感，也能帶來撫慰。

你要如何把無常的提醒物放進你日常的生活裡？

你可以拼圖，一塊一塊拼起來（這本身就是一種冥想過程）。完成後，先暫停一下，慶祝這個成就，再全數打散。可以的話，另一個點子是趁退潮時到海邊蓋一座沙堡。然後退後一步，欣賞自己的創作，再看

著海浪將你的作品吞回海裡。最後你也可以利用你在家裡或附近公園找到的任何素材製作出天然的曼陀羅。利用掉落的枝條、部分樹皮、松果和花朵來建構出外框和裡面的設計。沉浸在你的創意裡，然後離開，因為你知道大自然將會利用你所創造的一切。

　　提醒自己：時間的稍縱即逝並不減損其中的意義。有些事物無法長久，並不代表它不重要。

你會在接下來這幾週，設法讓自己實際地小小體驗所謂的無常嗎？

_____

_____

完成你所選擇的練習之後，就再回到書裡，幫這次經驗寫筆記。這經驗如何？它教會你什麼？它給你什麼樣的感覺？

_____

_____

_____

_____

另一個你可以設法帶進生命裡的特質是「平和」（equanimity）：思緒上或情緒上的穩定或沉著，尤其是在壓力或緊張下；冷靜；平衡（摘自 dictionary.com "equanimity" 詞條下的解釋）。

　　就像一棵扎根很深的樹可以挺過強風和凶狠的暴風雨一樣，我們也能讓自己有扎實的根基。這意思並不是說我們應該死板固執。我們可以挺直背脊面對任何環境，但有時候也可以低頭彎腰。而這時候的我們，其實是以更大的決心用開放的態度去面對未來的任何一種可能，因為我們沒有忘記閾限、無常，和死亡的必然發生。健康的死亡覺知，意思並非高度專注或過分在意那個終點所在，而是慢慢接受這個事實之餘，也全神貫注在當下的各種可能。

你要如何將平和這個特質帶進你的日常生活裡？什麼樣的意象或提醒或許可以強化這方面的練習？

_____

_____

你「活著的理由」

　　最後，隨著你對無常和善終的理解不斷發展，我們轉向本章要探索的最後一個概念：你的目的（purpose）。

　　說到底，生命是由一連串無休止、大多是平淡無奇的瞬間所串成，

中間斷續點綴著重大事件。我們當中多數人都安於一種不起眼的存在狀態。你活在這世上的目的，不一定是很複雜的。有名氣和財富不代表這一生就很有意義。有些人非常清楚暫居在這個地球上的我們，註定要成為什麼樣的人或做什麼樣的事。也有些人對各種可能都驚嘆不已，並不會去特別找出任何目的。更有些人可能從來沒問過自己這樣一個哲學性的問題。

你活著的理由可能顯而易見且堅不可摧，又或者看起來好似難以捉摸。不管你現在對自己活著的目的瞭解多少，先把注意力放在以下這個問題上：你「活著的理由」是什麼？然後把它寫在下面的練習裡。

我活著的理由

我活著是為了：＿＿＿＿＿＿＿＿＿＿＿＿＿＿＿＿＿＿＿＿＿

＿＿＿＿＿＿＿＿＿＿＿＿＿＿＿＿＿＿＿＿＿＿＿＿＿＿＿＿＿

＿＿＿＿＿＿＿＿＿＿＿＿＿＿＿＿＿＿＿＿＿＿＿＿＿＿＿＿＿

＿＿＿＿＿＿＿＿＿＿＿＿＿＿＿＿＿＿＿＿＿＿＿＿＿＿＿＿＿

我追求的是：＿＿＿＿＿＿＿＿＿＿＿＿＿＿＿＿＿＿＿＿＿＿＿

＿＿＿＿＿＿＿＿＿＿＿＿＿＿＿＿＿＿＿＿＿＿＿＿＿＿＿＿＿

＿＿＿＿＿＿＿＿＿＿＿＿＿＿＿＿＿＿＿＿＿＿＿＿＿＿＿＿＿

我會不遺餘力地去：＿＿＿＿＿＿＿＿＿＿＿＿＿＿＿＿＿＿＿＿＿

＿＿＿＿＿＿＿＿＿＿＿＿＿＿＿＿＿＿＿＿＿＿＿＿＿＿＿＿＿＿＿＿＿

＿＿＿＿＿＿＿＿＿＿＿＿＿＿＿＿＿＿＿＿＿＿＿＿＿＿＿＿＿＿＿＿＿

＿＿＿＿＿＿＿＿＿＿＿＿＿＿＿＿＿＿＿＿＿＿＿＿＿＿＿＿＿＿＿＿＿

反思

思索你生命的目的是怎樣的感覺呢？很沉重嗎？還是很有啟發性？你一直都按照你的**目的**活著嗎？還是你是否可能做點改變以實現它？

＿＿＿＿＿＿＿＿＿＿＿＿＿＿＿＿＿＿＿＿＿＿＿＿＿＿＿＿＿＿＿＿＿

＿＿＿＿＿＿＿＿＿＿＿＿＿＿＿＿＿＿＿＿＿＿＿＿＿＿＿＿＿＿＿＿＿

＿＿＿＿＿＿＿＿＿＿＿＿＿＿＿＿＿＿＿＿＿＿＿＿＿＿＿＿＿＿＿＿＿

＿＿＿＿＿＿＿＿＿＿＿＿＿＿＿＿＿＿＿＿＿＿＿＿＿＿＿＿＿＿＿＿＿

＿＿＿＿＿＿＿＿＿＿＿＿＿＿＿＿＿＿＿＿＿＿＿＿＿＿＿＿＿＿＿＿＿

希望找出目標能帶給你更多啟發，而不是挫折。

給自己留點健康的餘地就是善待自己。就像我們不冀望親人一定要很完美一樣，我們也不見得總是拿出最真實的自己。此外，我們不一定要總是很認真。好好生活的意思是對生命抱持開放的態度，包括樂趣在內！當你想輕鬆一下，就允許自己去輕鬆一下。而當你宛若油燈耗盡時，就好好地犒賞自己。罪惡感不是偉大的動機──對生命有限的覺知才是。

最後，對無常、閾限、平和和生命目的的善意尊重，會帶給我們以下的知識──一種辯證式的真理：時間流逝，但這一刻是屬於我的。

Part III

暫停和練習：強化你的應對技巧

一般來說——尤其是在遭逢壓力時，包括重病以及在面對巨大失落時可預見的悲傷——焦慮會造成身體和情緒上各種病症，包括血壓變高、心跳加快，甚至精神狀況有異。西西里‧桑德斯女爵（Dame Cicely Saunders）是第一家正式安寧緩和照護機構的創辦人，她瞭解身心之間的關係，提出「整體痛」（total pain，或稱為整體性疼痛）這個概念，來形容重病或絕症患者在生理、心理、社會、情緒和精神上所承受到的痛苦。就因為可能發生這種疼痛及痛苦，使得照顧者——說真的，應該是任何人——都必須準備好專門的工具來應對。

在這個單元裡，我們會探索一些可以在艱難時刻派上用場的應對技巧——無論是當下正進行的臨終規畫，或是未來會面臨到的掙扎時刻。練習這些技巧，能幫忙你融合到目前為止讀過的眾多理念：內在連結以及對自己和他人的慈悲心。此外，對你的終活日誌而言，也是深具意義的一種補充，可能成為你臨終照護計畫裡頭的一個重要組成部分。

以當下臨在面對疼痛

　　我在做安寧志工的時候有一次輪班，有個護理師問我能不能陪伴一位住院病人（我們稱他為強納森），他們正在調整他的用藥。護理師解釋強納森一直喘不過氣來，而焦慮更加劇了這個症狀。除此之外，我對這位即將見面的病人一無所知，不過我其實喜歡這樣，我才好以開放的態度與對方互動。

　　我在他病房門口暫時停下腳步，做了幾個「門檻呼吸」，釋放掉我身上的壓力，穩住自己以迎接即將面臨的挑戰。在強納森小聲地說「進來」，回應我的敲門聲之後，我立刻被病房內濃濃的居家氛圍給震撼。牆上、咖啡桌上都掛滿和擺滿藝術品及紀念品。樂器散置在四周。這地方已經完全被個人風格化——而這是我一直很努力建議客戶採納的方法，無論是在為生育或是死亡預作準備都一樣。這樣一來，照顧者才會深深記住有一個人住在這樣的空間裡。

　　強納森坐在一張三腳凳上，雙手緊抓住大腿，時而向前傾身，時而試圖挺直軀幹，不斷在這兩個姿勢間來回互換。顯然他很不舒服。「賈姬」——他的護理師——「正在準備你的藥。」我告知他，希望這個最新的訊息能多少緩解他的不適。「我可以趁你等藥的時候，陪你坐一會兒嗎？」強納森點點頭，伸手向前示意附近一張椅子。我小心翼翼坐下來，同時放緩我的呼吸。

　　然後呢？

　　我不認識對方。我們不曾建立過信任。我納悶如果都不說話會不會很尷尬。但我又不想讓他為了聊天而更喘不過氣來。於是，我以一點也

不做作的驚嘆目光掃視病房，決定在此刻相信自己的直覺。「這個藝術作品太了不起了。」我開口道，因為我留意到其中的顏色和紋理。「請不要覺得你一定得說點什麼才行，」我接著說，「真的。」強納森擠出淡淡的微笑。

我問了幾個是非題，只需要他點頭或搖頭就好，不用因為我的動作、表情和呼吸模式而感到慌張。這時窗外一隻火雞吸引了我的注意。那是一隻孤零零的公火雞，體型相當大，在花園的泥巴地上打滾，然後甩甩身上羽毛。我向強納森實況解說了窗外的畫面，後者這時已經開始用簡短句子回應我。「那幅畫是去大西部旅行時得到的靈感。」他那時開口說道，將我們的注意力拉回我之前留意到的第一幅畫。

大約十分鐘後，護理師進來病房。強納森正在彈奏吉他，為我表演一首他自己編的原創歌曲，我聽得如癡如醉。這幅畫面令護理師大吃一驚，因為她顯然是匆忙趕過來，想要拯救她的病人。但強納森的呼吸已經平穩，不再擔心吸不到空氣。不過，他還是決定把藥吃了，以防萬一。他的情況改善了，這讓我們全都如釋重負。

強納森因為病情的惡化，導致他處在不時缺氧的殘酷狀態下，這引發焦慮，而焦慮會帶來不規則的呼吸，更加劇了他的痛苦與恐懼。藉由處於當下和對話引他分心，讓他將注意力轉移到別地方來得到緩解。即使處於這樣的緊張時刻，我們還是可以引導和控制痛苦循環的方向，選擇朝向危機或穩定的方向發展。

這種思緒與感官之間的關係是千真萬確的。放鬆心情通常也能幫忙放鬆身體。在面對生命終點的時候，這一點尤其重要——不管當時你是在支持他人經歷這一段，為他做準備，抑或是你自己正親歷其中。

第 **6** 章
放鬆練習

　　在針對放鬆運動所做的一份研究裡，研究學者莎曼珊·諾雷利（Samantha Norelli）、艾胥利·朗恩（Ashley Long）和傑弗利·克雷德普斯（Jeffery Krepps, 2021）解釋了壓力情緒是如何帶出生理反應，譬如心跳加快、呼吸急促和肌肉緊繃，再加上主觀的情感體驗。放鬆技巧有助於減緩這類症狀。像呼吸練習、漸進式肌肉放鬆、引導意象法（guided imagery）和觀想等方法，都能有效地減緩壓力，釋放不安。

　　本書開頭時提到的呼吸－詞語觀想練習（p.43），就是一種簡單的放鬆練習範例。你也可以利用你從詩集裡或禱文裡找到的一句箴言，或你所偏好的詞語來取代之前選定的那句話。你可以在呼吸的時候把一個句子吸進去，然後在呼氣時，有意識地低聲「哈～～」出來，釋放掉任何緊繃情緒。這類可量身訂做的方法有無數種。

　　但人們對這類技巧抱持的開放態度各有不同，身為導樂師的我對這一點相當感興趣。有些人喜歡跟著我進行心靈之旅，展開他們的想像。也有些人很不樂意，寧願困在自己邏輯思維裡，擋住自己的視野，拒絕主動接管。但不管你是用什麼方法展開這趟旅程，都是很有啟發性的一種過程，能提供線索讓你探索出自己特有的喜好。現在讓我們一起嘗試兩個練習。

被動肌肉放鬆練習：
對付壓力、苦痛或失眠的技巧

　　被動肌肉放鬆運動必須仔細地想像你的身體細節，放鬆每個部位。這方法對肌肉緊繃格外有幫助，除此之外，如果你常覺得疼痛或肌肉緊張，這方法也很有幫助。首先要反問自己的緊繃和壓力程度。然後在下面這條黑線上，標示出你現有的壓力程度。

最大壓力　　　　　　　　　　　　中度壓力　　　　　　　　　　　沒有壓力

　　找一個安靜舒適的地方進行練習。最好的方式是躺下進行，如果感覺舒適，可以將雙手放在你身體的兩側。將這個技巧完整多讀幾遍，才不用一邊練習一邊不停回頭查閱書裡的內容。又或者可以在你進行之前，先幫自己錄下這段文字。

　　　一開始，先把注意力專注在你的呼吸上。隨著腹部的隆起，感受空氣進入你的體內。再隨著腹部的下降，感受空氣的釋出。

　　　這樣連續做三次，如果感覺舒適了，就閉上眼睛。

　　　想像一種能帶給你撫慰的顏色，可以是白色、黃色、藍色，或任何讓你感到平靜的顏色。

　　　想像這個顏色是一顆球，球就在你腳掌底下。花些時間感受有光從這顆球裡頭透出來，在房間裡發亮。想像這光散發著一種

令人放鬆和幸福的感覺。

想像這光正經由你的腳尖進入體內，感覺到你腳趾的放鬆。

想像這光穿過你的腳，向下輻射到腳跟，再到腳踝。想像你的兩隻腳充滿了放鬆的光，也許覺得有一點重（更為穩定）。

想像這光穿過你的脛骨和小腿，沿途的肌肉也隨之放鬆。這光緩慢往上移動，想像這光放鬆了你的膝蓋、大腿，進入你的軀幹，所到之處的肌肉也跟著放鬆。

想像這道令人放鬆的光開始往上遊走到你的後背，放鬆你的脊椎。感覺到你的背部與下方躺臥處表面的接觸。

想像這道令人放鬆的光沐浴著你核心部位的所有內臟器官，隨著光的擴散，你放鬆得更深了。

想像這光注入並放鬆你的肺，隨著腹式呼吸變得愈來愈亮。

想像你的心臟將這道令人放鬆的光運送體內的每一根血管中。

想像這光正充滿並放鬆你的胸部。

現在想像這道令你放鬆的光，正經由你雙手指尖進入你的體內。想像它正慢慢經過你的雙手和手腕，然後往上移動，沿途的肌肉都跟著放鬆。感覺它往上移動，放鬆你的前臂和手肘。想像它繼續往上移動，一路爬上肩膀，途中所有的肌肉全跟著放鬆。

想像這光放鬆了你的頸部和喉嚨，然後是下巴和下顎。想像這光放鬆了你的面頰、你的舌頭和你的鼻子。感覺它注入並放鬆你的眼睛和眼瞼，然後是你的耳朵、前額，最後是整個頭頂，讓它們全部放鬆。

現在，想像這光已經充滿了你整個身體。感覺隨著每次呼

吸，這光變得更讓人放鬆。感覺它隨著每次呼氣、每次吸氣，都變得愈來愈亮。

現在想像這光開始從頭頂往下移動，讓你煥然一新，掃除所有壓力和緊張，抹去身體的任何不適或疼痛。想像所有不愉快的生理感覺都被放鬆的感覺和光取代。

想像隨著光的移動，你的頭部和臉部也跟著放鬆，感覺神清氣爽；然後想像你的頸部和肩膀上的緊繃和壓力也跟著消散。

想像你的胸口、後背，還有你軀幹裡所有的骨骼和器官，都隨著那道光的移動開始放鬆、舒緩、煥然一新。

感覺這光放鬆你的肩膀、肩膀煥然一新，然後是你的上臂，接著是前臂。想像光緩緩往下移動到你的手腕，然後是雙手，都跟著放鬆和煥然一新。

光再慢慢往下移動到你的雙腿，想像你的大腿、膝蓋，還有你的小腿，隨著這光的移動開始放鬆、舒緩、煥然一新。

想像你的腳踝、腳跟和腳，從腳趾到腳底都被放鬆了。

現在想像這光又重回你的腳底，你腳下的球中。它像太陽一樣明亮。你現在已經知道無論你什麼時候需要它，它都在那裡。任何時候你想進入這種奇妙、自然的放鬆狀態裡，只需要透過腹式呼吸，意識你腳底下的光，感受它充滿你的身體。

感受你在這種放鬆狀態下的身體感覺。

如果你覺得效果還不夠，可以重複這個練習。整個過程都用心留意身體兩側每個肌肉群的變化。

等你準備好了，輕輕睜開眼睛。輕輕動一動你的手指和腳

趾。輕輕身體將轉成側躺，再慢慢起身。

完成這個身體掃描之後，請在下面的黑線上標示你的壓力程度。

最大壓力　　　　　　　中度壓力　　　　　　　沒有壓力

（這個練習摘自庫瑪等人〔Kumar et al., 2013〕所著的《對長期哀傷的正念治療》〔*Mindfulness for Prolonged Grief*〕。）

反思

在完成這個放鬆練習之後，你的感覺如何？你的內在自我呢（心理和精神）？還有你的外在自我呢（身體）？

_____

_____

你喜歡這種平靜的感覺嗎？你的壓力釋放了嗎？

_____

_____

是否有一些字眼或詞彙對你更有成效？如果有，把你覺得沒有共鳴的字眼刪除，在這本書裡進行修改，以便下次練習時使用。

接下來，我們會嘗試一種更深入的觀想練習。

觀想練習：你的祕密基地

你需要騰出十到十五分鐘的時間來進行這個練習，包含最後結束時反思的時間。

首先，找一個安靜和舒適的地方，然後將下面的觀想腳本和指引多閱讀幾次，等準備好時可以引導自己完成這個過程。或者也可以將這個腳本和指引預錄下來，再播放出來跟著進行。

即使你之前曾做過類似的觀想，也可以讓自己好奇一點，看看這次可能會有什麼新發現。

假如你有所懷疑——或許是你以前試過類似練習，但不怎麼喜歡——何妨再給它一次機會，反正結果不是令你驚豔，就是讓你再次確定自己的看法而已。一般來說，人們對這類練習都有正面的體驗。但如果你在任何時刻感到焦慮或者沒有安全感，你隨時可以把自己帶回當下，並根據需要照顧自己。

放鬆呼吸，安頓在自己的身體裡。盡可能讓自己感到舒適自在。持續放慢動作，讓你感受到的壓力緩和下來。將放鬆當成空氣一般吸入，隨著每次呼吸，把注意力轉向內在。

在你的腦海裡，想像自己正舒適地蜷伏在一張床上或鬆軟的椅墊上。再深呼吸幾次，好好享受這寧靜的時刻。現在，想像自己正在伸展，煥然一新，準備好要進行探索。

你抬起頭，看到眼前有一大片蔥綠的草地。腳下的草柔軟又溫暖，你感覺它在呼喚你，指引你前進。你沿著小徑走，看見五顏六色的花朵和蝴蝶。這裡一切都很平和安靜。微風徐徐，帶著你最喜歡的花香味。你繼續走在草地上，感覺陽光烘暖了你的肌膚。

你快要走到小路盡頭，即將發現你的祕密基地。你愈走愈近，它開始進入眼簾。這可能是你曾經去過的一處地方，或者是你腦海裡想像出來的地方。它可能在戶外或室內，它可能很大或很小。這是一個溫馨、安全和寧靜的地方。

在你探索這個新環境時，允許這個祕密基地的具體細節慢慢被揭露出來。

環顧四周，留意你所看到的一切。

也留意你所聽到的一切。

留意這裡的感覺。是溫暖還是涼爽？潮溼還是乾燥？你想有件舒服的毯子或毛衣披上或穿上嗎？

留意這裡的氣味。空氣中有什麼香味？

享受待在這裡的平靜感。想花多久時間待在那裡都可以，知道自己隨時可以再回來。

當準備好跟這個可愛的地方道別時，就原路回到那條長滿了草的小徑。

雖然你離開時，對祕密基地的印象會變得愈來愈模糊，但它始終留在你心裡，你可以把這種平靜的感覺帶進你今天剩下的日程裡。

回到當下、完全回到自己的身體裡，用筆或鉛筆寫下你的印象，盡可能完整詳細地記下你對這個祕密基地的印象，包括它看起來的樣子，它聽起來和聞起來如何，你對它的感覺怎樣。

我的祕密基地：

_____

_____

_____

_____

_____

_____

_____

_____

_____

_____

反思

拜訪你祕密基地的感覺如何？很容易就能浮現在你的腦海中嗎？還是
有點難讓自己的創造力自由發揮呢？

_____

_____

_____

_____

_____

_____

_____

_____

_____

_____

隨著我們年紀的增長，很多人會壓抑大腦中負責創意的部位，給自己壓力要求自己嚴肅認真。但是，想像力一直是我們的一部分，有它我們才可能完整。如果我們歡迎它重新進入我們的生活，就能給我們途徑去探索和療癒。

即使如此，若是觀想會給你害怕或受挫的感覺，或許你可以決定之後再試，或者你可能認定這不適合你。完全由你來決定。

要是你願意抱持開放的態度，將祕密基地的觀想練習當成一種舒緩的技巧，我會鼓勵你（1）盡可能寫下關於祕密基地的各種具體細節；（2）根據你寫下的細節，重新擬出一份最適合自己的腳本；（3）再試著觀想一次，最後評估是否還需要再做其他修改。這些多出來的步驟，能確保你的腳本發揮最大效果。

如果覺得有幫助，也可以考慮錄下自己或別人讀出那份最終腳本的聲音。

放鬆技巧的好處

在遭遇身心不堪負荷、焦慮、痛苦或失眠的時候，可以使用這份幫助放鬆的腳本來釋放自己。它可以安撫每個人的神經，提供重新開機的機會。更重要的是，對那些行動受限、但仍有認知能力的人來說，觀想可以帶來自由解放的感覺。有些病症到末期會對人體造成影響，但大腦的認知和思維仍然清晰。而這會讓患者更無法獨立自主、覺得人生無趣乏味、感到孤單，還有受孤立。神遊到一塊寧靜之地能轉換場景，給予精神上的喘息。

有些人決定把這種練習放進自己臨終的時刻——臨終時的臨床照護——因為即使不再可能進行互動交流，這也為照顧者和訪客提供了一種支持的手段。我們會在本書稍後更具體討論這部分，到時或許你可以考慮將這想法放進你的臨終遺願清單裡。

Part IV

處理：探索未完成和
未發現的事物

我們在一生中，總是以個人獨特的視角來過濾經驗，這些視角是由社會和家庭傳遞的訊息，以及個人的知識所累積造就出來的。《與成功有約：高效能人士的七個習慣》（*The Seven Habits of Highly Effective People*）作者史蒂芬・柯維（Stephen R. Covey）指出，我們的大腦中有很多「地圖」，這些地圖可以被分成兩大類。第一類是反應現實情況的地圖，第二類是我們認為事物「應該」是怎樣的地圖，而這反應出我們的價值觀。柯維（2004, 24）認為「我們鮮少質疑它們的準確性，甚至沒察覺到它們的存在。我們只是簡單地假設自己看到的事物就是它們原本的樣子，或是它們應該有的樣子。」而我們看事情的方法——不管是以事實為根據，還是純粹的主觀臆斷——都形塑出我們的思維和行動。

向內在探索——對我們心理和情緒過程的審視或觀察——無可否認地是我們成長的一部分。只有在我們花時間縝密思索和吸納我們的經歷時，才能弄清楚自己是誰以及我們在這世上想成為什麼樣的人。不然，

就會像開著自動駕駛一樣冒著風險在操作，日子一天一天地度過，但大多時候卻毫無覺察。雖然我們還是會對進入或擦過我們個人空間的人事物做出反應，但這些反應會是無意識的，不是有意為之的。

若我們能擺脫這種無意識的反應，就能有意識的做出回應；如果我們可以更客觀地質疑和解釋各種情況，就能和我們的理想保持一致，進而體現自己的理想。佛法教師兼作家佩瑪・丘卓（2003, 29）曾寫道：「我們對自己最根本的挑釁——對自己最根本的傷害就是維持無知，沒有勇氣和尊重去誠實而溫和地審視自己。」

身為終活日誌的作者，我們會在這部分做更深入的內在探索，這很類似當我們看到有人正在倒數在世的日子，外在世界愈來愈吸引不了他們的注意力時，從他們身上所看到的那種轉變。首先，我們會去探索懊悔、寬恕和卸下重擔這類主題，然後消化這些具體的難題之後，才能去回顧我們曾有過的過往歲月，記錄我們希望日後能夠被紀念的片段。

第 **7** 章
處理過往種種

處理的其中一個重要層面，就是講述故事，或者說是靠創造敘述來解釋過去的經歷。研究專家雅爾・申克（Yael Schenker）及其同事（2015）曾說：「故事能幫忙我們處理意料之外的事及各種挫折，從這些混亂中找出意義，澄清價值觀，幫過去與未來建立連結。」我們透過講述自己的經驗故事來更瞭解自我與周遭的世界。

身為一名導樂師（又或者只是位慈悲的傾聽者），我曾親眼目睹講述故事的力量。人們在表面之下總是藏著一些溫柔的記憶，彷彿只要給他們機會，他們其實巴不得跟人分享。當你讓自己安靜下來，並邀請人們深談時，他們通常會設法找到自己的核心本質，將它表達出來，說出他們對生活的信念。

你的圈子裡有人有空聽你聊聊生平嗎？不是所有人都有這樣的朋友。就算我們有可以交談的人，但也不是所有聽眾都擅長保持沉默，給你必要的空間和時間去完整消化處理過往一切。有一個替代或補足的辦法是製作日誌，尤其當你想設法解決可能困惱你已久的過往痛苦。好好整理你生命中曾經最艱難的插曲，這是很重要的第一步，然後你才能完整回顧它。

表達性書寫

　　社會心理學家詹姆斯・潘尼貝克（James W. Pennebaker）最為人知的，就是他對表達性書寫（expressive writing，或譯表達性寫作）療效的研究。

　　潘尼貝克跟無以數計跟隨他腳步的研究者都聲稱，短時間寫作日誌對曾因壓力或創傷經驗而留下陰影的人來說，具有宣洩效果。

　　潘尼貝克（2021）曾解釋，我們會不停回想那些艱困時期的部分理由是，除非我們將所有事情連結起來，否則我們的記憶會一直處於解體狀態。當我們覺得尷尬或受傷很深時，我們通常不會想告訴別人，因為擔心被人批判或覺得會變得更丟臉。這會使我們的大腦極力想去調解這些事件之間的矛盾，於是我們的思緒不斷打轉，危害到我們的生理和心理健康。

　　潘尼貝克說，當一個人開始將事件整理成文字書寫在紙上時，一連串的變化就開始了。

　　首先，這是在承認令人不快的經驗曾經發生。做為承認的一部分，寫作者會標註曾面對的問題，以及造成的後果。藉由這樣結構化的整理想法，當事者得以將各種相關的影響作出連結。潘尼貝克認為這方法可以平靜心靈，改善一個人的社交生活（更多的交談和笑聲）和健康（改善睡眠、專注力，以及免疫功能，減少使用麻木感官的裝置）。

　　潘尼貝克的研究也主張，要從書寫創傷經驗中獲得最大益處，寫作者應承認這經驗雖有負面影響，但也要感恩事後的正面收穫，譬如個人的成長和全新的領悟。

表達性書寫的目標，是透過坦然面對自己來更瞭解過往的經歷，包括你曾經承受的任何失去。這種寫作不是為了分享。你可以使用任何對你最有效的方法書寫──手寫也好，用電腦打字也好，甚至在空中「滑動手指書寫」。

　　一開始，你可以試用潘尼貝克的標準方法，每天寫十五到二十分鐘，連續寫三到四天，又或者你可以修改這個標準。如果你嘗試後只寫了一天就感覺好多了，也可以就此停住。

　　要是你開始書寫後，感覺自己承受不住，也可以選擇停筆，改用你以前找到的適當應對方法，並考慮找專業人士輔導，以作為可能的選項。

為你自己試試看

　　如果你覺得合適，可以試試表達性書寫，看看能否協助你釋放你可能扛在身上的沉重負擔。

　　若是有某個困擾始終揮之不去，就從那件事開始寫起。要是不只一件，就一次專注在一件事情上。接下來這三到四天，每天花十五到二十分鐘，寫下與你每個經歷相關的深刻感受和情緒。慢慢寫，仔細寫，把未經過濾的思緒完整表達出來。

　　真正放開，探索腦海中浮現的任事情。你的記憶可能連結到你的童年、重要的里程碑、你曾愛過的人或你此刻所愛的人，或甚至你的事業。想想看這個經歷與過去的你、現在的你，或你想成為的自己有什麼關聯。

將你的記錄寫在活頁紙上，不要寫在這本書裡。這樣你才能擁有完全的隱私。將它們藏在安全隱密的地方，我們會在後面的練習中利用它們來舉辦一場儀式。完成一輪表達性書寫後，再把你的感想寫在你的下一篇日誌裡。

請留意：拒做這個練習的理由其實不多；但在以此為主題的某個研究報告曾經提到，表達性書寫對那些向來無法表達情緒的人來說可能不適宜（Niles et al., 2014）。所以，如果分享自己的思緒和感受會令你感到不適或不安，請不要勉強。在你開始寫之前，一定先確實評估過自己的個性和意願。

將過去令人痛苦的經歷寫成日誌，這個過程感覺如何？很沉重嗎？把過往記憶掏出來之後，有感覺輕鬆一點嗎？花點時間來探索你的經驗。

在寫下並表達出過往的種種困難時，我發現：

_____

_____

_____

_____

_____

從這些反應，我領悟到：

_____

_____

_____

_____

_____

在我繼續向前走時，我會：

_____

_____

_____

_____

_____

　　攜帶未癒合的創傷對你的身心健康有害，但是要處理它並不容易。找到解決辦法是一項艱鉅的任務。請一定要先照顧好自己，學著對自己慈悲，必要時尋求協助。

釋放

　　如果你選擇接受表達性書寫這項練習，就會有很多頁不適合別人看見的個人過往經歷。你可能會想重讀你所透露的內容，也可能不會。等到你完成這個過程後，就該是放手的時候了。放手之前，先讓我們詳細討論一下儀式所帶來的修復力量。

虔誠的儀式

　　我們在這本書中多次看到儀式這個字眼，包括利用祝福石儀式來標誌起點和終點，以及很儀式化的典禮。我們很多人多半熟悉宗教意義上的儀式，從古代敬拜者的習俗一直到今日教堂、寺廟、清真寺、猶太會堂裡常見的傳統習俗。你也可能熟悉的是非正式意義上的儀式——譬如我們一天開始時的儀式性行為（比方說得按一定順序進行的個人護理程序），或者我們晚上睡前放鬆的習慣性規律行為。說到底，儀式是一系列為達到特定目的而經常重複的步驟，或者是為了標誌特殊場合而特別制定的一系列步驟。

　　應用社會心理學家傑米・格魯曼（Jamie Gruman, 2021）說過，儀式有很多心理層面上的好處，譬如幫忙我們細細品味一些經驗，賦予我們掌控感，和降低焦慮。有些儀式很簡單，比方說每天用同樣方式準備一杯熱咖啡。也有的儀式需要比較多的規畫，譬如人生伴侶之間的承諾儀式。有些儀式則是介於這兩者之間，就好比夏至／冬至或滿月時舉辦的慶祝活動。

事前儀式（prerituals）——也就是在重大事件之前所進行的儀式——可以提升某個場合的慎重感。其中一個例子，是在公開演講前先進行幾個步驟讓自己做好準備，又或者在進入病患居住的空間前，先暫停一會進行冥想。事後儀式（post-rituals）——則是在事件後才進行的儀式，可以幫助結束感。就死亡而言，這些儀式包括為死者清洗或塗抹聖油，規畫葬禮，追思會，或者紀念活動等。

反思自己這一生，是否有意識或無意識地發展了某些儀式性習慣？如果有，它們的用途是什麼？是正式的還是非正式的？是精心規畫過的還是自發的？就像那些研究所建議的，它們能幫你細細品味過往經歷、給你某種掌控感，或減緩你的焦慮嗎？

_____

_____

_____

_____

_____

_____

你現在有興趣去更有目的地探索這些儀式了嗎？以下是你在考慮如何把儀式併入你日常生活、你的往後歲月，以及——超前思維一下——在你生命最後階段時，應該好好深思的幾個要素。

儀式的要素

有些儀式是為了因應當下的急迫需求而生。它們通常比較順勢而生，沒有特別規畫。而其他儀式則比較有結構和組織。以下是所有情況下都需要考慮的四個準備要素。

或許你現在就可以開始收集對特定事件的想法，又或者你可以決定以後再回頭來參考這些建議。（你可以在書末附錄3找到練習頁面記下你的想法。）

1. 場所

這個儀式會在哪裡舉行？室內還是戶外？在熟悉的地方還是不常去的地點？

2. 情境

繼續架構細節。還需要一些什麼？需要什麼樣的特色或家具？哪個季節或時段最適合或最理想？（切記我們不見得能夠掌控現場可能發生的事。）你希望誰在場？需要填補哪些角色？如何減少干擾？

3. 腳本

比較正式的儀式通常都有精確的腳本，至於非正式的儀式可能會有鬆散的大綱。若是有人能夠主導，會比較有幫助，但這不一定代表他們得負責所有的發言，反而比較像是負責正式啟動儀式、管理整個流程，以及讓其他人知道什麼時候該進行哪個部分。

4. 神聖性

確定哪些事有神聖性。這意味著要探索深刻的意義。什麼會增添意義？什麼會讓人難忘和覺得特別？你喜歡你的儀式採用什麼樣的調性？是輕鬆幽默或認真嚴肅？儀式讓我們可以用最能產生共鳴的方式來昇華最被看重的事物。

整合練習：規畫儀式

現在，你可以練習進行一個儀式來釋放你的表達性書寫。首先，你可以將你寫下的書頁拿在手中，然後停下來吸收和消化你從自己身上學到的一切，然後對你的復原能力表達讚賞，也要感恩你曾接收到的任何支持與幫助。

有些人會把自然元素融入儀式裡，譬如點蠟燭，或在戶外生火。你可以把你寫下的文字用火燒掉，同時不斷重複「我要放掉我不再需要保留的一切，只帶走一切對我有益的」之類的語句。

如果不喜歡火燄或者不可能生火，你也可以將紙張撕成碎片，埋進土裡。

花幾分鐘時間想想你可以用來釋放表達性書寫的適當儀式，在下面的空白處做出規畫。

如果你選擇不進行表達性書寫的練習，也還是能舉辦這類儀式。

你可以想想你對自己有什麼執著的看法，你不想再繼續下去（比方說「我沒辦法相信自己能做出重要決定」），然後把它寫在一張紙上。

在你架構儀式細節時，可以參考前面與儀式要素有關的單元，從中尋求靈感。盡量避免過度複雜的步驟，或者對儀式的方向有太多期待。僵化跟敬畏是對立的。擬定一個寬鬆的流程，留出更大的空間給一些無法預期的事情。

我的儀式

1. 場所

_____

_____

_____

_____

_____

2. 情境

3. 腳本

4. 神聖性

實現

現在該是時候實現你的計畫，舉辦儀式，釋放你寫下的文字。

完成之後，想想看整個過程如何，還需要再做哪些更動，將它們記錄下來，或者寫在下面的空白處，以便下次改進。這會是一個逐步進展的過程。

_____

_____

_____

_____

_____

_____

儀式不會完全照著你當初的構想進行，這中間可能涉及到很多變數。我們沒有辦法控制每個層面。

如果我們過於執著於細節，就可能會無法真正沉浸於過程中。

預料外的事情難免會發生，因此要留下充分的彈性。有時候流程的打斷，反而能為這場經驗增添意想不到的價值。

最後幾個想法

透過儀式標誌重要時刻，是一種再出發的行動。你是在說：「這件事正在發生，而我正從中學習。」你承認這是一種轉變。與其淡化它的影響，不如擁抱眼前的現實。如果你對此項練習能保持開放的態度，它將在你人生四季的階段對你有所裨益。

繼續想想可以如何在重要的時刻融入儀式吧，這是為了你自己和你所愛之人的幸福。

在本章製作日誌和進行內在探索的練習中，過往的種種傷痛或失望可能逐一浮現，就連自覺沒做完的事情或沒說出來的話也都會出現。

接下來，我們來看看你可以繼續用哪些方法處理這類挑戰，以及如何卸下仍殘留在身的重擔。

第 **8** 章
透過釋放找到對策

在生命的最後階段，人們經常會面臨遺憾、羞愧和寬恕等問題。曾被壓抑的記憶往往會重新出現，這種事並不罕見。爬梳過往對瀕臨生命終點的人來說，似乎是件緊迫的事。既是臨終關懷師也是作家的天真清崎（Tenzin Kiyosaki）歸納出她經常在病榻旁反覆聽到的三個主要遺憾（Pawlowski, 2021）：

1. 我未能活出我的夢想人生。
2. 我未能分享我的愛。
3. 我未能原諒他人。

雖然疾病末期的時候，是有可能想尋求解決遺憾的方法。

但清崎邀請大家趁身體還健康的時候，如果可能，就先好好想想有哪些事令你遺憾。

無論你此刻的處境如何，這都是你在本章必須做的練習。

首先，請思考以下開放性問題，以啟動你的內在探索之旅：

你曾希望完成什麼夢想？

無論這些夢想是大是小。你抗拒分享愛嗎？有多抗拒？

過去的關係曾帶給你什麼樣的痛苦？

你願意打開心房去解決嗎？

_____

_____

_____

_____

_____

_____

卸下重擔

痛苦是人生經歷中裡不可避免的一部分。身而為人，我們在這世上都曾跌跌撞撞地面臨過大大小小獨特的考驗。當我們回首過往，深入探索這敏感的練習時，在身體和心靈方面曾受過的傷害或遭遇到的不公，都可能重新浮現到思緒裡。請溫柔地對待自己，你應該知道無論任何時候，只要你感覺過於痛苦，就不必去回顧它。

關於創傷，有件事格外重要：若有人經歷創傷，不必為加害者的行為找藉口，也不要為了療癒而「盡量把事情往好處想」。在傷口的深處，可能存在一連串的情緒，包括憤怒、挫折或悲傷。若覺得安全且適當，原諒過錯或虐待可能會讓自己解脫。但要是覺得不舒服，那

麼強迫自己原諒可能會造成額外的痛苦。心理治療師安納斯塔西亞‧波洛克（Anastasia Pollock, 2016）提倡過一種替代療法叫做卸下重擔（unburdening），意思是「放下創傷對一個人的控制」，以及「表達和釋放對所發生事情的憤怒和其他強烈情緒，而無須批評或期待接下來應該發生什麼」。這樣重新定向，可以讓倖存者在無任何不當壓力的情況下，主導自己的復原過程。而這也是在面對和釋放不堪的曾經過往時，我們會使用的方法。

時時記住卸下重擔這個主旋律，才能開始去挖掘可能始終藏在心裡、不敢對其他人說出口的話。把重點放在那些以前因為覺得當時態勢或處境都太過複雜，所以從未分享的話語上。你可以把心裡這些話，針對某個還在世或已離世的人寫下來。而這些話不見得要跟任何人分享，所以你可以隨心所欲地寫下任何想法。

一如往常，是你在主導自己的善終練習。一定要尊重自己的直覺和現有的能力。若是這些練習的主題或時機對你來說感覺不太妥當，可以直接進行下一個單元。必要的話──假若這個練習會帶來強烈的感受或記憶，需要有人從旁支持──你也可以去找尋求你信賴的親人、臨床醫師或心理健康專家的幫助。

即便這些練習都是向你個人的內在進行探索，也不見得都要獨自完成。

寫給他人的信

　　首先，花點時間想想與你生命中艱困時期有關的幾個人，可能是你熟悉的人，也可能是你不認識的人，但他們對你的生命曾經造成相當大的影響。你可以在紙上為他們每一個人寫一封信，這純粹是為了幫你擺脫沉重的情緒。

　　你想寫多少就寫多少。這個練習沒有對錯，寫出讓你覺得有意義和有益的信就好。除了專注於你希望過去發生的事情可以如何有所不同，你也可以承認自己從困難和傷痛中學到的事物和成長，這些都是你可以確認的收穫。

釋放的儀式

　　寫好這些給別人的信之後，再回到你為你的表達性書寫（或者過去的信念）所規畫的儀式裡，再次儀式性地釋放掉你寫的東西。過程中可以找出一句跟洗滌心靈有關的語句，重複說出來，才好將自己從與那些事件有關的傷痛裡釋放。

　　事後，你可能會想暫停一下，重新反思，並寫在日誌上，透過這種方法讓自己對這些事看得更清楚。

這場儀式對你來說是什麼樣的體驗？

_____

_____

_____

_____

_____

_____

_____

_____

_____

　　療癒需要時間和努力。這只是你旅途中眾多步驟的其中之一。這裡面沒有萬靈丹，也沒有任何捷徑。等到舊有的傷痛又回來糾纏你時，或者又有了新的傷痛時，你還是可以回來再進行一次這個卸下重擔的練習。

寫封信給自己

現在你已經完成了那封寫給別人的信，讓我們回頭向自己的內在探索。當我們回憶過去時，常會遺忘了當時的自己並非萬事通。我們不可能知道事情會如何演變。所以花點時間寫封信給自己——一封寬恕自己和感謝自己的信——目的是為了卸下你現在可能還扛在身上的重擔或罪惡感。用慈悲的語調寫，就像你寫給一位你很珍惜的朋友或家人一樣。

親愛的我

_____

_____

_____

_____

_____

_____

_____

反思

做完這個沉重且深刻的練習後，你可能會感到精力耗盡或者覺得精神百倍。又或者你可能發現自己在這兩者之間擺盪不定。這都是可以預期的。容許自己好好休息和暫停一下。

你也可能因為之前的練習而大受鼓舞，想趁自己現在還能對話，透露你一直默默扛在身上的那些事情。如果是這樣，請記住，不是每個人都跟你一樣同時準備好面對這些對話。所以在你邀請別人對話時，你可以這樣說：「我最近對過去做了很多反思，我知道很多事情都無法改變，但我希望如果你願意，能有機會聊一聊那些事，以及它對我們關係的影響 —— 為了和解。」

有些人會願意進行這些對話。不過就算有人拒絕，你還是可以選擇寫信 —— 無論這封信是否寄出。但無論如何，寫信裡都能減輕你的情緒負擔。

到目前為止，這一節的主要目標是加強你與自己的連結，以及你對自己人生故事的連結，讓自己看得更清楚和平和。若在挖掘過往的傷痛之後，覺得自己的思緒嘈雜且難以平靜，請考慮運用冥想練習來讓自己重新聚焦，回到當下。

觀想功課：蔚藍的天空

讓自己安頓在你所在的空間和身體中，放慢呼吸，然後閱讀以下的想像。

想像太陽高掛在晴朗的藍天之上──光芒四射、充滿生命，並且溫暖。現在，看見雲朵在寒風中移動，彷彿一條灰色的毯子蓋住整片天空。然而，雲層上方的太陽仍毫無條件地照耀著，對雲的存在無動於衷。雲層之上的天空也依然蔚藍。注意當你想到烏雲的感覺。現在，注意當你想到高高在雲層上方的陽光依然燦爛時，你又有何感覺。

（這個練習摘自庫瑪等人所著的《對長期哀傷的正念治療》。）

後記

當沉浸在黑暗中時，很容易忘記太陽一直在照耀，即使它是被雲層遮住。所以當烏雲罩頂時，可以藉由「觀想藍天」來提醒和振作自我。

進行這項練習時，你可以把天空當成本質的我，所以就算各種思緒和感受像浮雲一樣變幻、消散，並飄過，但真正的你一直都在。一切都會過去──包括各種感覺、互動、強烈的悲傷，甚至生命本身。承認一切都是稍縱即逝，可以幫忙你度過逆境所帶來的傷害──甚至可能超越它。

第 **9** 章
回顧你的人生

　　你的一生不僅經歷各種不同時期，也走過各種不同的發展階段。臨床醫師和研究專家都試圖根據一般人成長軌跡中的社會模式和心理模式來分類和定義這些階段。這些階段對每個人來說並不一定都在相同的時間點開始和結束，也不一定都有完全相同的組成部分。不過，人們之間還是有許多顯著的共通點。

　　檢視各種發展理論，可以幫助你理解隨著年齡增長所面臨的挑戰、恐懼和希望，並可能讓我們因為人的共通性感覺不會那麼孤單。

　　心理分析師艾利克・艾瑞克森（Erik Erikson, 1950）最為人所知的，就是他的心理社會發展階段論，他認為人們終其一生都在建構自己的自我意識（sense of self）。艾瑞克森列出了人類發展的八個關鍵階段。每個階段都伴隨著一個對立性的主要衝突，但也可能會有可以帶入下一階段的潛在正面成果。這些階段都是相互建立的。前五個階段是從嬰兒期開始，一直延伸到青春期。

階段一：信任 vs. 不信任

正面成果：安全和穩定感，美德是希望

階段二：自主 vs. 羞怯、懷疑

正面成果：自立和獨立，美德是意志

階段三：主動性vs.內疚感

正面成果：自我效能，美德是目的

階段四：勤奮vs.自卑

正面成果：自信，美德是能力

階段五：自我認同vs.身分混淆

正面成果：完整和統一的自我意識，美德是忠誠

階段六：親密vs.孤獨

這個階段是從青春期結束一直持續到中年為止。它的挑戰在於與其他人建立充滿愛且持久的關係，這有助於建立連結感和歸屬感，以及愛的美德。

最後兩個階段有助於解釋中年期和老年期時的傾向——而且似乎不管在任何年紀，我們都糾結於生命的有限。既然這兩個階段與善終比較有關，就讓我們就來詳細探究它。

階段七：繁衍vs.停滯

中年時期，人們通常更關注自己對社會的貢獻，和想在世界上留下屬於他們的印記。從事的活動多半強調繁衍，包括照護、志願服務、輔導，還有在具有意義的職涯中取得成功。

繁衍的對立面是停滯，意思是指缺乏對生活的實質參與。這會導致滿足感降低，造成「中年危機」。無論是任何年齡的疾病末期患者，停滯給人的是無所作為的經歷。

這個階段的主要美德是「關懷」——如果我們能夠強調生產，抵禦或者克服停滯的問題。這包括關愛你的親人與同事，以及你的社區

和未來的世代。它深化了生命走到終點時，對人際關係的注重會多過對物質的重視的模式。

階段八：完整感 vs. 絕望

心理社會發展的最後一個階段，發生在老年期，這涉及到對自己一生的回顧。如果我們回顧時感到滿足，就能發展出完整和一致的感覺——對自己的人生自覺圓滿，這才是最重要的。完整感的跡象包括接納、整體感和成功感，以及內心的平靜。反過來說，如果我們有遺憾，就可能會對我們認定「虛度」的人生感到憎恨和絕望。我們可能會反思曾經犯過的錯，並感到沮喪、沒有目標，或者沒有希望。最後這個階段的關鍵美德是「智慧」，它能幫助達到一種結束感和完成感，減緩對死亡的恐懼。

雖然艾瑞克森的每個階段看似獨立，但現實生活卻更加多變。那些在這些心理社會衝突中找到解方的人，並不會一直沉浸在繁衍的光環和自我完整中。相反地，在人生道路上，人們會無可避免地發現自己正處在不同的關鍵點上，這一切都取決於他們當下的環境和內在的能量。最後要說的是，健全的個人成長是當我們在各種狀態之間搖擺不定時，仍懂得定期地重新平衡和校準。

艾瑞克森的生命階段論，強調了象徵不朽的努力的價值，也就是將我們自己投射向未來。同樣的，你的人生使命不需要偉大到令人仰望才能算數。多數人都是默默努力，不斷累積小善，與我們身邊的人形成連結網絡，來建立起自己的傳承。

你發現自己正處在哪個發展階段？你之前曾在哪個階段？你希望達到哪個階段？目前你對這些階段的哪些方向感覺受到啟發？

人生的回顧

在了解自己是不斷演進發展的之後，接下來的練習是寫下你的人生回顧──一份捕捉你出生到現在所有生活事件和經歷的文件。你可以自己決定想在以下的空白頁面中，寫下多少屬於你的過往。

你可能決定先寫在一張草稿紙上，對自己生命中的跌宕起伏做一次完全未經篩選的直白敘述。用這種方式──類似之前表達性書寫練習的方式──盡量自由發揮，不去擔心日後會不會被人讀到。你是寫給自己的，是為了你的個人成長而寫的。作為第二步（或者如果你決定省略掉第一步的自由書寫，那這就是你的第一步），你可以草擬一份你覺得適合與他人分享的人生回顧──你可以打字，或手寫在紙上，或寫在本章最後的空白部分中。你可以在那裡把你人生故事裡精選的部分記錄下來──也就是你想讓大家知道的部分。

分享你的個人故事是慷慨的行為。透過這樣做，你正在傳承所學到的教訓，並保留一種可能會被遺忘的生活方式。誠如研究學者雪莉‧漢比（Sherry Hamby, 2013）所說，「那些已經找到自己的話語權、能夠分享故事和重新確認自我價值觀的人，會找到一種平和的感覺、一種希望，這些都是他們以前不曾有過的。」

此外，向親人披露你的反思，就像是藉由你過去的旅程來幫忙支持他們的旅程一路順遂。這並不是說聽過你人生故事的人都必然走上同一條路，但其中一定有許多可學習借鏡的。你將與一些閱讀你故事的人──可能是你的孩子、親戚、朋友等──建立起強韌的關係，甚至跨越幾代人建立起新的關係。即便你不打算將自己的故事或這本書留給他

人，但撰寫人生回顧也會帶來好處。正如漢比所說：「感性和自傳式的故事敘述宛若一條道路，讓你在到達終點時真正擁有了自己的故事。」

如何開始

無論你決定（a）在草稿紙上寫下未經過濾的人生故事，然後在接下來的部分只補上你精挑出來的重點內容；或者（b）先在心裡思索一遍你過往的人生始末，再把你想分享的部分寫出來；抑或（c）只專注在過去經歷中你想突出的部分，你都可以決定按年代，或主觀的大事紀方式來組織出自己的人生回顧。

- 按年代：從你幼年時期開始，反思你人生的每個十年。
- 大事紀：將你的人生分為不同的階段，例如童年時期、校園時期、剛成年的時候、你從事過的工作、你的感情故事、退休後、成為祖父母等等。

為了回憶過往，你可以問自己以下的問題「誰、什麼、何時、何地、為什麼、如何」等方面的問題。這些問題只是幫助你回憶每十年，或每段大事紀的生活時，幫忙你收集各種想法。在開始實際寫下回顧時，請先隨意探索任何自然浮現出來的主題。在這些初步問題之後，你會看到讓你寫下完整人生故事的空間。（你可以在書末附錄3中找到這個練習。）

誰？

就你的角色和性格而言，你是誰？你曾與誰共度時光？你與誰親近？你
愛誰？

_____

_____

_____

_____

什麼？

對你來說，這段期間什麼是重要的？最難忘的時刻是什麼？你最喜歡的
消遣、興趣、店家或餐廳是什麼？當時你相信什麼？

_____

_____

_____

_____

何時？

什麼時候出現了轉捩點？什麼時候發生了重大變化？

_____

_____

_____

何地？

你當時住在哪裡？你日常活動在哪裡？你到哪裡旅遊過或拜訪過？

_____

_____

_____

為什麼？

其中的某些回憶、活動和關係為什麼特別令你難忘？

_____

_____

_____

如何？

回顧這段時期，你對它的感受如何？你是如何應對當時的困境或心碎時刻的？那次的經驗如何形塑出現在的你？

_____

_____

_____

_____

寫下你的人生故事

撰寫個人的人生大事紀，可強化一個人對身分的認同感，這種認同感對成年期的任何時候來說都很有價值，尤其是疾病的時候。身為一名導樂師，我經常提醒我的個案：你不等同於你的健康狀況——你就是你。不管你目前的身體狀況如何，也不管你已經活過多少歲月，都要好好利用接下來的幾頁寫下你想為自己留下來的人生記錄。

願這能恢復你的完整性。

我的歷史

願你的人生回顧能成為你未來日子裡的力量泉源，在你重溫、反思並繼續補充時。希望整理過往重要時刻的過程，也已經帶給了你啟迪。

Part V

課題：釐清和分享你真實的自我

在你草擬自己的人生回顧時，你——當然——是故事裡的主角。你為每篇故事提供視角、聲音和內容。不過，故事裡的那個你是誰呢？你從頭到尾都是同樣的人嗎？還是你有不同版本的自己？或者你只是不斷演化，最後成為你註定成為的樣子？花點時間思索這些問題，如果願意的話，把它們寫下來。

_____

_____

_____

_____

_____

誠如這本書一開始所述的，我們必須先確定自己是誰，然後才能與他人分享自己，或者對我們偏好的照護方式提出具體意見。在這個單元裡，你將繼續思考內在、人際關係和行為方面的主題——進一步界定自己。除此之外，你也可以思索和探究以下問題，以判斷自我各方面是否一致。我內心感受的自我、我所表達的自我、他人對我的看法，以及我的行事方式這四者之間是否一致？

在完成這個單元裡的練習時，你不僅會發現自己是誰，也會從那些想瞭解和尊重你真實願望的人身上，瞭解到你可能需要什麼。當所有這些要素都到位時，除了配套的各種醫療照護之外，你也將更容易取得前後一致的個人化臨終照護。

第 **10** 章
你的核心自我

核心自我（Core self），是你真正的自我，或者說最真實的自我。根據心理師瑞秋・艾丁斯（Rachel Eddins）的說法，它是你的「內在智慧、內在培育者、智慧自我、感受自我，或是內在聲音（Tartakovsky, 2016）。你有多常與你最真實的自我同頻？你經常聆聽你的內在智慧嗎？

_____

_____

_____

_____

_____

_____

大多數時候，我們都在表面層次上運作：我餓了。我累了。我很好。但是，當我們更深入探索時，就會發現更多細膩的層面。有人可能會發現內心深處渴望連結，也有人可能意識到自己做了健康的選擇，而正在享受帶來的滿足感。還有人可能是察覺到缺乏目標所帶來的無聊感。在你的外在之下，究竟是什麼在醞釀？

一層層挖掘，找到你的核心自我，是一個很寶貴的練習。它可以幫助你發現你的人格特質，鞏固你的價值觀。此外，這種探索也能幫忙你時時警惕事情的輕重緩急，鼓勵你活出意義。

偏好

一個全面且簡單的起點，是先從我們的偏好開始，或者說我們真正喜歡的東西，因為它們突顯出我們很多方面——我們的興趣和愛好，以及什麼能取悅和感動我們。這會是進入你核心自我一個極佳的切入點。

多年前，我將這個技巧放進我為一位年輕父親所提供的支持裡，陪伴他走完生命的最後旅程。他擔心他的孩子長大後將不記得他。這個令人心碎的想法在他生命的最後幾個月籠罩著他。這件事促使他在伴侶的協助下，提前著手傳承的功課，在我與他開始合作之前。儘管如此，我們仍然繼續捕捉他的真實自我，以及他有過的成就。

他的病情逐漸惡化，嚴重影響到認知能力。隨著他的精力衰退和溝通能力惡化，他無法再回憶起特別的時刻，或表達他對未來的期待。於是我們轉而使用一些比較簡單、只需要一個詞便能回答的問題——一份他的最愛清單。我專注在我知道對他意義重大的主題上，譬如球隊和歌

手，再添加點其他主題來豐富內容。

我相信他的孩子們會珍惜他創造的禮物。當他們重新回頭去看這些禮物時，就能更瞭解自己的父親。有了他的最愛清單，當他們在培養自己的興趣與嗜好時，也可以拿自己的跟父親的進行比較。我可以想像他們為父親最愛的球隊加油的畫面，也能想像等他們長大到一定年紀，可以看父親最愛的那幾部電影時，一定會覺得跟父親又更親近了一點。

花點時間來完成最愛清單這門功課。若有任何問題是你答不出來的，就直接跳過。此外，若你願意，答案也可以不只一個。你也可以在空白處隨時添加更多主題。

我最愛的：

歌曲＿＿＿＿＿＿＿＿＿＿＿＿＿＿＿＿＿＿＿＿＿＿＿＿

書籍＿＿＿＿＿＿＿＿＿＿＿＿＿＿＿＿＿＿＿＿＿＿＿＿

電影＿＿＿＿＿＿＿＿＿＿＿＿＿＿＿＿＿＿＿＿＿＿＿＿

電視節目＿＿＿＿＿＿＿＿＿＿＿＿＿＿＿＿＿＿＿＿＿＿

食物＿＿＿＿＿＿＿＿＿＿＿＿＿＿＿＿＿＿＿＿＿＿＿＿

地表上的一個地方＿＿＿＿＿＿＿＿＿＿＿＿＿＿＿＿＿＿

假期＿＿＿＿＿＿＿＿＿＿＿＿＿＿＿＿＿＿＿＿＿＿＿＿

顏色 _____

活動（運動或嗜好）_____

季節 _____

天氣 _____

節日 _____

動物 / 寵物 _____

哪個人 / 哪些人 _____

_____

_____

_____

_____

_____

　　在我的終活日誌裡，我最在乎的始終都是把自己和生命歷程的點滴傳遞給我所愛的人，這樣他們即使在我不在的時候，也能繼續感受到我的存在。我希望他們每翻開一頁都能感受到我的本質。

我還在進行的其中一個部分是我的「快樂是什麼」清單。每次我重溫這個很特別的部分時，都會看到許多新增的內容。墨水顏色不同，就連我的筆跡也有所變化。最初寫下來的內容占據了太大的空間，彷彿我從未想過會填滿整頁。因此，最近添加的內容都很小，只能寫在狹小的空白處，彼此挨擠著，因為空間實在有限。

　　我主要的目標是與我所愛的人分享什麼會讓我的心充滿喜悅，希望當他們讀到時，也能因此而微笑。

快樂是……

　　在你著手這份反思練習時，先問問自己：快樂對我的意義是什麼？它是什麼感覺？是深刻的滿足？是令人振奮的喜悅？還是多種感受的融合？

_____

_____

_____

_____

_____

現在，無論你如何定義快樂，都容許自己走一趟回憶之旅，盡可能回想出這些幸福的時刻。你發現自己在哪些記憶片段裡能體驗到純粹的快樂？是當你跟著現場音樂跳舞的時候嗎？是喵喵叫的貓兒偎蹭著你大腿的時候嗎？快樂是一大碗滿是自家種植的蔬菜沙拉嗎？是在剛降下白雪的雪地上滑雪嗎？在清澈的湖泊裡游泳嗎？還是其他類型的身體活動？快樂是與某些朋友或家人共度時光嗎？還是自己獨處的時光？

利用以下頁面寫下你的快樂來源清單。內容可以簡短也可以詳盡，或者兩者兼而有之。

快樂是……

反思

你在回憶那些快樂時光時，會不自覺地微笑或不小心笑出聲來？你的眼睛會盈滿淚水嗎？在你的回憶清單裡是否存在著什麼共同主題？是連結、關愛，還是安靜的獨處？是計畫好的活動比較多，還是看似隨機發生的活動？你人生裡是否有某些時節特別充滿了快樂？

_____

_____

你在清單裡寫下的答案，可能都與美好時光有正面的關聯。花點時間回味和沉浸在這些回憶裡吧。

思索快樂可以讓我們更趨近自己的核心……感受自我。孩提時代的我們，快樂通常很直接，總是不假思索地表達出來。但隨著年紀漸長，我們會漸趨保守。你曾停下腳步思索這裡面的原因嗎？當然啦，也不是每種場合都很適合讓你開心地手舞足蹈，但是我們真的有給過自己這樣的機會嗎？不管在什麼地方或什麼時間點上，你都能對自己發出邀請，毫無保留地狂歡嗎？

你已經花時間把「快樂是什麼」整理成清單了，因此日後或許會更容易覺察，甚至懂得去迎接更多的歡樂。你現在已經有較敏銳的覺察力了，此外也可能發現自己開始在找能帶來快樂的機會。你會用什麼方法更經常地邀請和融入這些快樂時光呢？

_____

你在本章中寫下的這些清單，除了可能影響你的日常生活之外，對那些在你有需要時可以提供援助的人來說，或許也能成為有用的工具。畢竟即使是在最艱難的時刻，分享微笑，也能給大家帶來安慰。看一部熱愛的電影或播放一首喜愛的歌曲，都能轉換一個人的心情。照護者和關心你的親友，可以從這些被列出來的快樂來源裡找到歡樂，去平衡困難情況時出現的緊張處境。我在終活日誌裡寫下我的「快樂是什麼」之後，就意識到這其中潛藏的眾多好處。不只我的親人對我會有更多的認識，將來也能把我照顧得更妥善。這個發現引領我創造出第二份清單，目的是為了提供更多我能想到的點子。

撫慰是……

這很類似「快樂是……」的清單，只是我們現在把注意力放在撫慰這個主題上，這能讓我們更趨近核心自我裡頭的那個內在滋養者（inner nurturer）。但這是一個更脆弱的領域，因為它涵蓋了許多回憶，甚至是一些令人不快的。要進入這個領域，得先願意拿出自己脆弱的一面。首先，思考一下這些開放性問題：你想像自己被徹底撫慰時，是什麼樣子？那感覺像什麼？

在這份很特別的練習裡，你的任務是整理出一份清單，列出能讓你全身心變得平靜和安寧的事物。你當時之所以必須尋求撫慰，當然是因為正處在壓力環境下。所以當你回憶這些時刻時，請務必善待自己。

你可能會想到一些過往的傷痛或創傷事件。你可以選擇去探索那些時刻，也許可以藉助表達性書寫或者乾脆轉移自己對它的注意，可以根據你的感受來決定。

你可以選擇不回憶那段艱困時期的種種細節，而是專注在你是透過什麼方法來撫慰自己。

你找到誰幫忙或者你找到了什麼？冥想撫慰意義和具體的例子。你通常是向大自然尋求安慰嗎？還是更喜歡在家裡找安慰？你喜歡在人群互動中感受安慰嗎？還是喜歡退回到自己內心的寧靜中？

在你腦海中，平靜的畫面是什麼？

是坐在一張最喜歡的椅子上打開最愛的詩集？還是在加了香氛浴鹽的熱水裡泡澡？畫面中有某種特定布料嗎？也許是輕柔的法蘭絨，或是光滑的絲綢？背景有音樂嗎？或是有其他聲音？譬如某個人的聲音或海浪聲？

你的清單將是獨一無二的，沒有正確或錯誤的答案。好好回想那些能撫慰你的各種來源。將它羅列在次頁的空白處。

撫慰是……

反思

在你反思撫慰這件事時，腦海裡出現的是什麼模式？你是否依靠過各種策略來體驗舒適？你能舉出一個「屢試不爽」的例子嗎？一個經常反覆使用的方式？

_____

_____

_____

對撫慰的定義是否隨著歲月有過改變？你喜歡的是那種短暫而迅速的平靜感，還是更持久和有意義的平靜？你認為你的那些來源是健康還是不健康的？抑或混合了這兩者？

_____

_____

_____

_____

就像你的「快樂是⋯⋯」一樣，你的撫慰清單也會不斷更新——隨著時間的推移而不斷拓展。

等你心裡對「撫慰是什麼」有了清楚的想法之後，可能就會發現自己能更敏銳地感受到它。下次當你感覺自己被撫慰到時，提醒自己先停下來，做個深呼吸，更徹底地沉浸其中。全身心浸淫在裡面，投入所有感官。若你只是在把腳滑進溫暖的羊毛襪裡，那就好好享受那種感覺。若你享受的是一個充滿愛的懷抱，那就陷溺在其中。若是暖和的陽光宛若良藥滲入你的肌膚，那就盡情去享受它帶來的感受。

這類時刻不見得必須要很深刻才能有意義——只需要純然地被認可和欣賞。你常穿的那件浴袍帶給你的舒適觸感，可以被輕忽也可以被盡情放大。這只是選擇問題——是一種態度。

你甚至可能發現，當你更常留意到那種平靜時刻後，原本爭相騷擾你的挫折不知怎麼地自動消失了。換言之，當我們覺察到平靜時，它就已經成了挫折的解藥。現在，你已經準備好了許多面對需求和挑戰時可以使用的想法了。

使用你的清單作為照顧工具

如果你決定與他人分享這些清單，他們就擁有了可以使用的工具。你就像是在打造一個個人化的套裝照護服務。當我們生病或承受壓力時，支持是至關重要的。人類是相互依賴的動物，應該要彼此陪伴。但是對朋友和親人來說，懂得如何支持你，這件事並不容易。就算是專業的照護提供者，有時也需要經過一番努力才瞭解什麼才最有可能幫助到

某個特定病患或個案。

你的清單有助於回答那個經常令人挫敗的普遍問題：我可以幫什麼忙？所以你等於是在為別人提供具體的方法，教他們如何緩解你的痛苦。這些都是你親選和量身訂做的方法，能夠緩解你的恐懼，同時也讓別人有能力和方法挺身而出地幫助你。

但反過來說，我們若只讓別人自己猜測如何才能安慰到我們，他們可能就會使用黃金定律（the Golden Rule），提供他們自己喜歡的東西給我們，這也許管用，但也可能不管用。舉例來說，有些人會試著去碰觸——譬如握住一隻手或者輕輕按摩，但也有人寧願只是友好地陪伴，不做任何肢體接觸。唯有我們給予清楚的指示，他們才會用你確實想要的方法來關懷你。你也因此會更有信心地提出需求，因為那都是你確認過的。

感恩

反思撫慰和快樂是什麼，自然會心生感恩。根據精神病學研究專家蘭迪·桑索（Randy Sansone）和羅莉·桑索（Lori Sansone, 2010）的說法，感恩是「對自身所寶貝和對自己有意義事物的欣賞，代表的是一種普遍的感激和／或讚賞的心境。」因此，我們可以把感恩歸類為一種狀態或特質。作為一種狀態，感恩是對某種慷慨行為的感激心情，這是感恩較短暫的表現形式。但感恩也可以是一種持久的特質——一種我們平常看待自己經驗的視角。

當我們把注意力放在我們偏好的事物上，以及能帶給我們快樂和撫

慰的東西時，往往會因為自己專注在這些美好事物上，而自覺比誰都幸運——美好事物就是生活順利的事，以及它對我們的重要意義。有許多心理健康臨床醫師都很鼓勵我們練習感恩，譬如擬一份感恩清單。他們相信這些介入方法可以提升幸福感（Lamas et al., 2014）。從這裡可以看出，在這些核心自我的練習中，似乎存在某種正面的反饋循環。

在接下來的練習中，請先回顧你的最愛、快樂和撫慰清單，培養出感恩的心情。藉此你才能重新展開旅程，再次回到你的核心自我。反思你過去到現在的各種好運。是否還有什麼沒有列在本章的三份清單中？如果還有，請寫在以下空白處。也許你會重複寫下之前曾寫在其他清單裡的條目，重新肯定它。

我很感恩……

_____

_____

_____

_____

_____

LIFE

　　既然你已經回顧過快樂、撫慰和感恩的源頭，現在可以開始往外擴展那些駐留在你核心裡的東西了。方法是我們來寫幾首足以代表「LIFE」這個英文字的藏頭詩。藏頭詩就是你可以靠每一行的第一個字母垂直拼出某個字，而當你依序往下讀的時候，每個字母又各自開啟了這首詩新的一行。

　　這裡有兩個藏頭詩的例子，藏的就是LIFE這個英文字

（*Love makes*）愛使得
（*It all*）一切
（*Fell*）都感覺
（*Everlasting*）永恆長在

（*Looking through*）爬梳
（*Internal keepsakes*）心裡各種小小珍藏
（*Fosters gratitude and*）醞化出感恩與
（*Ethereal insights*）超凡的洞見

　　現在該輪到你寫一首關於LIFE的藏頭詩了。你可以讓你的詩立足在你的重要見地上——也許是關於美好生活的各種理念，或者與我們何以存在有關的各種想法。你的詩可以是發人省思的忠告，也可以是比較私人的。它可以是感性的、嚴肅的，也可以是俏皮的。押不押韻都可以，

長短都行。如果你覺得很有呼應，多寫幾首也無妨。

你的LIFE藏頭詩：

L

I

F

E

L

I

F

E

信念

在前面的練習中，你可能披露了一些自己的人生哲學。現在我們將更深入這個主題，進一步探索信念，從中挖掘我們的內在智慧。你的信念可能根植於宗教信仰、靈性、生活經驗，甚至是憧憬式的夢想裡。它們可能是虔敬的（「我相信做義工是一種美德。」），也可以是輕鬆的（「我相信童話故事。」）

你的信念是什麼？什麼是無論任何情況都不可動搖的，經歷所有挑戰仍

然如此？你認為是這真實的，或者你希望成為真實的？

_____

_____

在進行下一個練習之前，請先思考你的核心信念，以及它們的價值。它們對你的生命有何裨益？它們如何影響你的選擇和人生道路？

_____

_____

藉由完成以下的敘述，寫出一份個人信念清單。

我相信（關於個人信念）……

_____

_____

我相信（關於具體事物）……

_____

_____

花些時間檢視你所陳述的信念。這當中有任何陳述令你訝異嗎？你願意給自己空間去容納各種答案嗎？其中有沒有一些是你會一再拿出來鼓勵自己改變想法和觀念的？它們是來自於你的痴心妄想？或是都很切合實際？換言之，都是有經過測試和驗證的？容許自己去懷疑自己的信念，且不做任何批判。

_____

_____

_____

_____

和別人分享這份清單的感覺如何？對這些信念你能完全開誠布公和直言不諱嗎？有沒有保留一些不敢公開的？你想更深入地檢視或質疑其中任何一個嗎？你想強調其中任何一個嗎？

_____

_____

_____

_____

我們的信念通常能反映出我們的思維模式。正如先前所說，我們對自己、他人和這世界的看法，形構出我們的框架。如果我們想讓自己有更清楚的視角，就得對自己的反應和行為有更多的自覺。這樣一來，才能更周全地做出更有意義的選擇。

所以，你的信念跟你覺得自己是誰，以及你的行為，是一致的嗎？

_____

_____

_____

_____

_____

_____

_____

_____

回歸自我

　　這一章做了許多邀請去揭露（和回想）你最真實的自我——你的核心本質是什麼。一開始是先羅列出你的「最愛」，找出你最喜歡的興趣和愛好。然後再檢視快樂和撫慰的概念是什麼，並草擬出幾份清單內容，它們都能令你雀躍也能讓你冷靜，同時也能看出你內心深處的真正智慧。在這種清晰的狀態下暫停腳步，擁抱你的感恩和檢視自己的信念。

　　通常這些練習會激起一連串的震盪，影響我們日後的生活。它們會敦促我們去追求生命的意義。我們覺知死亡的態度向來是瞬息萬變，要讓它安定和沉澱下來，需要在覺察上面做各種努力。所以當你闔上這本書，回到你的日常生活時，要時時在心裡質問自己：我容許什麼？我歡迎什麼？我有意避開什麼？

　　你在本章中完成的重要練習——回歸自我——是一門一生必修的功課。在我們嚥下最後一口氣之前，我們都在不斷地自我成長和發掘。現在，你已經願意讓你內在的聲音去傳遞出你最真實的部分，那就能開始將焦點更清楚地放在傳承的功課上，包括為他人特別準備的追憶禮物。

第 11 章
追憶方式

　　你已經向內探索過你的核心自我，該是時候檢視你身邊的人了。對你來說，誰是重要和特別的？什麼關係和感情是有意義的？在你的終活日誌裡，你想對誰致上敬意？

_____

_____

_____

_____

_____

_____

_____

對外分享的信

在前幾份功課裡，你寫了有助釋放的信，也寫了信給自己。接下來的練習是，寫信給那些對你有長期影響的朋友、鄰居、親戚、同事和熟人熟人。

你要做的第一個決定是，寫一封致所有人的公開信？還是針對每一個人各別寫一封信？也許你可以兩種信都囊括，因為它們有各自不同的功能和目的。

致所有人的公開信。有些人會準備一封特別的信，以便在自己的告別式上被大聲朗誦，或者發表在公報或訃聞上。有些人喜歡在死前找大家來一場生前告別式，當面分享他們由衷的心情。一封致所有人的公開信，對以上任何場合來說都很適用。

在這封信中，你可以在包括我們在這本書裡所涵蓋的主題，譬如快樂、感恩、寬恕、信念，你的「為什麼活著」和你的人生格言，再加上一些回憶或里程碑。

你可能寫完一個段落後就覺得已經完成，又或者你可能需要更多頁來表達自己。如果這很吸引你，就花點時間在下面的空白處記一些筆記，然後在下個單元裡初擬出整篇內容。

致最親愛的 ＿＿＿＿＿＿＿＿（你所愛的人、你的朋友、家人、社群）

_____

_____

_____

_____

_____

_____

_____

_____

_____

_____

_____

各別寫信。如果你選擇對特定幾個人各別寫一封信——無論這是除了那封致所有人的公開信之外又另寫的信，還是你要用這方法來取代那封致所有人的公開信——你都可以包括一些不適合用在公開信件裡，卻格外感性或者你們之間才懂的語言或提示。這些內容可能很簡短也可能很冗長。我這裡有一些強調關係和傳承的提示辦法，可作為你信件內容的靈感來源（信件格式可見書後附錄3）。

強調關係

你在我心目中是什麼樣的人……

我尊敬／欣賞／喜歡你的地方是……

你在我生命中留下的印記是……

我希望你記住的是……

強調傳承

對我來說，重要的是……

什麼曾啟迪我……

是什麼形塑出我的視野……

我學到了什麼……

我曾經有過什麼掙扎……

我曾經克服過什麼……

我接受了什麼……

在你考慮寫幾封給特定對象的信時，心裡想到了誰？你想在這些追憶信件裡放進什麼你希望對方記住的東西？你可以先把初步的想法記在這裡，以便保存。

如果你打算創作出個性化的訊息，現在是時候了！你可以用手寫，也可以用鍵盤打字，又或者可以考慮用音頻或視頻錄下你所寫的信。千萬記住，這不是寫作課，它只是一次情感的體驗。在你寫下這些想法時，你也會跟著爬梳過往。別忘記，為個人而寫是關鍵，為此人周詳考慮也是。想想這些收信者對你的信最欣賞的會是什麼呢？

花幾天時間完成這個部分，然後再回到你的日誌上。

反思

動腦想想最後道別的方式，這種感覺如何？它可能會有點沉重。我們都想把事情做得恰到好處，但這種擔憂其實會阻礙我們去完成任何事。千萬記住，哀悼者會想聽到你的聲音——透過你的文字聽到你獨特的聲音或感受你的風格。有很多方法可以和你的親人分享屬於你的一部分，而捕捉這些發自你內心的訊息，正是方法之一。

確保這些寫好的信會被放在一個他們能找到的地方，譬如書桌的第一個抽屜、保險箱裡，或塞進你的終活日誌裡。如果你是使用數位的方式收藏，一定要留下詳細指示，告訴大家如何取得。

額外的規畫

　　除了信件和錄音錄影之外，還有許多其他追憶禮物可以考慮，這取決你的興趣和體力。南西姑姑過世之前，曾要求她女兒先幫我預備好未來的生日禮物（一系列裝框了的拼貼畫，上面有剪下來的各種勵志小語，背景是我最喜歡的花），還說如果她無法親自送到，表姊一定要替她送達。我無法告訴你這份愛的表達帶給我的撫慰有多大，在她走後兩個月，我仍然很思念她的時候，她的這項安排讓我知道就算死亡也斷不開我們之間的感情。我聽過有無數哀痛的人都渴望擁有這樣的禮物。

　　你心裡盤算的計畫是什麼？也許是一座紀念花園、一本終活日誌，或是其他手工藝品？其中有些現在就可以開始甚至完成，趁你還在世的

時候跟你的親人一起實現——打造出共同的記憶，至於其他的也許適合在你死後當成傳承的禮物送出去。

紀念花園。 我表姊的婆婆過世時，我送給她兩株荷包牡丹再加上我寫的悼念詞。在她孩子的幫忙下，他們打造了一座很特別的「奶奶花園」來紀念她。這樣的空間可以成為你想緬懷死者時隨時可去拜訪的地方，也是見證四季更迭與生命的循環的一個機會。

有些人會在他們的紀念花園裡添一張可以靜坐的長椅，以及一些像照明或風鈴這樣的飾品。即使有一天舉家遷離，他們也可以從花園裡挖走一些多年生植物，搬到下一個住所種植。即使無法帶走，他們也會清楚知道，往生者的一部分仍會在這世上繼續展現出另一種形式的美，在那座花園裡不斷茁壯和盛放。我通常將我戶外的種花區稱之為「收藏者的花園」，因為那裡有來自我曾祖母、我祖母、我嬸嬸，還有我嬸嬸的祖母，以及無數的鄰居和朋友送給我的植物（被分枝出來的多年生植物）。每一株都在訴說著親情和傳承的故事。

終活日誌。 這和我之前描述的終活日誌很類似——一本剪貼簿，裡面收藏著我的字條、我找到的名言、詩句、歌詞、紀念品，以及未來用來照顧我的指示——你也可以有你自己的分類方式和收藏。本書裡有一些格式也很管用。又或者你可以製作點不一樣的。你可以創作一本終活日誌送給你所有的至愛（裡面有一封公開信或個別的信函），又或者你可以製作一些小小的紀念品送給不同的人——每個紀念品都有它獨特的意涵來表達你對你們關係的重視。

食譜。我們當中有許多人是透過烹飪來表達對他人的關懷與愛。無論是最喜歡的生日蛋糕，還是豐盛的砂鍋燉菜，所有被放進去的心思和付出的心力，都像在彰顯我們的愛。而有許多菜色是配合我們珍視的節日和傳統的。

你也喜歡烹飪或烘焙嗎？如果喜歡，想想你擅長的拿手菜是什麼。你向來以什麼料理聞名？你的親人會經常要求你做給他們吃嗎？有些食譜是代代相傳的，也有的是你自己獨創的。你可以把它們寫成一本食譜，傳承給後人，並在裡頭點綴一些與這些餐點有關的過往回憶和烹調時的「專家祕訣」。

手工製作的真誠禮物。你會拼布嗎？或是你知道有人擅長縫紉，願意協助你完成計畫？有些人會把某個人收藏的紀念 T 恤全拼接成一條拼布棉被。也有人會把具有代表性的衣物，譬如一件很舒服的浴袍、最喜歡的毛衣、蓋在膝上的毯子縫在一起，將它變成很特別的紀念品，就像「悲傷熊」（bereavement bear）一樣（是特別的紀念物品，通常是用已故親人或朋友的衣物製成玩具熊或熊布偶）。我曾委託朋友把我過世祖父的一件法蘭絨襯衫改製成一只抱枕，送給我祖母，這樣一來，每當她覺得懷裡很空的時候，就有個東西可以抱抱。

你也可以考慮製作石膏模型——也許是你的手握著所愛之人的手，也可以是作為珠寶配戴的指印模。「彩繪石」也是很好的主意。收集一些表面平坦的石塊，在上面彩繪或寫些詞句來表達你的愛或鼓勵，可以送給特定的人，也可以送給一般親友。

花幾分鐘想想這個規畫，或者你還會想到其他好點子。什麼很吸引人？或什麼不吸引你？你會想現在就開始進行嗎？還是希望等你離世後再請別人幫你完成？

_____

_____

_____

_____

_____

_____

_____

_____

_____

_____

_____

遺贈

　　除了製作禮物之外，也可以想想看你身邊原本就擁有可以留給他人的東西。首先，思考以下開放性問題：你的所有物對你意味著什麼？你有收藏藝術品、郵票、錢幣，還是相冊嗎？有先人留給你什麼傳家寶嗎？你有珍愛的珠寶嗎？還是家具或餐具組？你最珍貴的物品是什麼？在現在或者過世後，你可能想把什麼東西當成禮物送給別人？

_____

_____

_____

_____

_____

_____

　　現在思考一下你會怎麼分配這些寶物？有一點要注意，有些家庭能夠公平合理地分配已故親人的個人物品，讓它們成為思念的媒介，以及療癒的機會，但也有的家庭因為分配不當，引發混亂，造成家人之間的紛爭和裂痕。

你的親人在你離開後會怎麼處理這些遺物？你的遺願必須說明到多清楚？

_____

_____

　　請注意，我們在這裡主要是討論物品類資產，而不是現金的遺贈或你的不動產，又或是行動帳戶之類比較短期資產的處置。有關這方面作業的更多準則，請參考附錄裡的提醒事項列表。

　　關於有形物品的致贈，你可能還需要在本書以外按法律要求進行，才能合法化你的遺願。不過，在遺囑裡指定你「有形個人財產」的受益者之前──或者在檢視和更新你現有的遺囑以確保它的準確性之前，最好先花點時間好好評估和剔除你不再需要，以及不再對你有用的物品。

生前斷捨離

　　生前斷捨離（death decluttering）或者說是個人物品的整理，就像是在進行「記住你只是凡人」的練習，意思是你知道自己生命有限，於是致力於在生命最後階段之前做些有建設性的事。生前斷捨離也是一種練習接受無常的釋放方式。這不只是春季大掃除那麼簡單──它涉及到全面深入評估自己所擁有的物品，看看你現在可以先捨去什麼，才不會讓別人日後難以處理。

生前斷捨離的練習有許多潛在的好處。清除掉不必要或多餘的所有物，將有助於：

- 建立秩序。當我們的空間雜亂無章時，就會心煩意亂。整理和排定優先順序可以讓我們的注意力更加集中，才能把更多時間花在有意義的事情上。
- 降低焦慮和壓力。一個井然有序的環境可以讓我們的心靈平靜，有助於放鬆。
- 會讓我們對自己完成的事感到驕傲，並感到如釋重負，因為日後不需要別人代替我們承擔那麼多任務。

提示

要為這個挑戰做好準備，請依循以下建議：

1. 先從沒有感情牽掛的身外物開始，然後再一路慢慢整理到特別的紀念物和紀念品。
2. 不要覺得自己必須捨去所有東西。我們是靠物品拼湊出自己的環境。你的空間感受，還是很重要。審視和評估自己收藏的物品時，心態一定要客觀誠實，但也要顧及你對它們的情感。
3. 可以考慮花一段較長的時間分攤進行這項任務。過程中可以休息幾次，給自己一點時間去追憶或甚至暫時拋開它。你找到的物品也許可以成為你的靈感，記錄在你的終活日誌裡，或者寫在未來可供分享的信件裡。

4. 當你整理物品時，請反問自己：

- 你對這件物品的感情和回憶是什麼？

- 我需要保留它才能守住那份留存在心裡的依戀嗎？還是有別的方法可以紀念？譬如把它寫在日誌裡？或者拍成照片，貼在剪貼簿裡？

- 我有什麼留住它的好理由嗎？它有用嗎？必要嗎？有價值嗎？還是可以提振心情？

- 我可以把這東西送給誰？——不管是現在還是未來——對方可能需要它或者會珍惜它嗎？

當你進行斷捨離的時候，很可能會挖掘出和你生命當中關鍵時刻有關的無價之寶。但請記住，這些物品不代表你，你是你自己。你的物品可能反映出你個人特質的一部分，但它們無法界定你。你的存在是超越這些物品的。有了這個認知，再回頭想想：你準備好放下哪些物品了嗎？一旦你做到了，你可能會對那些在你深思熟慮下選擇留下的物品，多出一份愛惜的心情。

每次做完生前斷捨離的練習後，就回到日誌上，記錄下你的體驗。

_____

_____

_____

_____

_____

_____

_____

_____

_____

現在我們要花點時間思考你決定贈與給他人的物品該如何處理。

贈與儀式

傳承你的所有物，也是另一種把自己的一部分與他人分享的方式。有些人決定把有價值的收藏贈與給某個組織、畫廊或博物館。但也有些人選擇將這些被自己珍視的物品，贈送給特定的朋友或家人。有時候，當人知道自己時間不多時，可能會想趁還在世時舉辦一個儀式來分送。譬如有位藝術家曾召集親友，然後將自己的作品分送給每一位。也有一位擁有很多各式各樣圍巾女士，邀請病床前的每位訪客自行選擇他們最喜愛的圍巾作為臨別前的禮物。我可以想像其中有許多訪客會圍上他們特別挑選出來的圍巾，前來參加她的葬禮。

當你想到自己的喜愛的收藏時，會不會也想舉辦一場贈與儀式？如果是這樣，你會不會想事前規畫一個儀式？你希望是在生前或是過世後舉行？你會把什麼物品送給誰？

在你進行本章的任務時，請記住，儘管某些物品對你來說可能具有紀念價值，但別人可能不會有同樣的感受（或者他們沒有空間來容納你的物品）。這聽起來或許很悲傷，但這是你恐怕必須面對的現實。要記住，你的物品不代表你，它們也不代表你的人際關係。這兩者都是無形和無價的。

Part VI

規畫：草擬你的照護願望清單

　　擬訂你的臨終照護願望清單，意味著從你所完成的各項練習中收成，包括慈悲心、各種觀想和放鬆練習、對生命有限和無常的覺知、撫慰和應對技巧、規畫儀式和典禮、製作日誌、回顧生命，以及追憶方式。你現在可以從這些豐富的成果中選擇精華，建立一個簡明、個性化的指南，供那些提供你支持的人使用。

　　身為一名守在出生與死亡這兩個邊界前的導樂師，我曾無數次協助撰寫照護願望，鼓勵個案將它視為溝通的工具來擬出以人為本的照護計畫。當我在協助他人為臨終做準備時，我經常帶他們冥想臨終的畫面。要求他們在腦海裡建構出臨終當時環境的畫面。你也有機會在下面的練習裡，親自試一試。

　　有一次在冥想臨終的畫面時，一位先生分享了他的畫面，說他臨終的空間完全裝飾成他最喜愛的節日——聖誕節。這絕非是他以前就想過或事先規畫好的願望，它只是憑空出現。他說這種感覺「太奇妙了」。從那一刻起，他決定如果自己即將死亡，而且時間允許，不管處在什麼時節，他都想要被聖誕節的畫面、聲音和氣味環繞。

我經常分享這個例子，原因是我發現它非常令人驚喜，而且有啟發性。

很多人都有自己最愛的節日、季節或氛圍，都可以融入臨終環境中。此外，整理出一箱特別的裝飾品，將它們布置在某個地方（家裡、醫院或安寧病房），是相對容易實現的。

在自己有迫切需要的時候，具體說出你喜歡的事物，這對他人及你自己都是一份禮物。

有些人喜歡安靜的氛圍，也有人希望生活像平常一樣持續下去。當然，不是每個人都清楚所有細節，也沒有必要假裝你對一切都有定見。重要的是，保持靈活性和建立一套隨時可以調整的計畫。

意外總是會發生，但如果你的團隊能夠靈活對應和有創意解決問題，把握住重點，這些意外就不太可能完全打壞你的計畫。

最終要說的是，在這個最後的單元裡，你會去深思誰（who）、什麼（what）、何時（when）、何地（when）、理由（why）和方法（how）這類問題，以釐清自己的喜好。

不過首先，可以想一下你對臨終空間的初步構想。

除了想像自己所在的理想臨終空間之外，你還可以想想圍繞在你身邊的是哪些人，他們會如何陪你度過最後這段時光。《臨終關懷醫師遺孀日誌》（*The Hospice Doctor's Widow: A Journal*）的作者珍妮佛・歐布萊恩（Jennifer O' Brien）透過寫作和數位藝術來哀悼她丈夫的離世。她慷慨地為這本書寫了一篇文章，因為她知道你們——親愛的讀者們——對於想像臨終這門沉重的功課可能會手足無措。

　　歐布萊恩將「珍貴時光」（Precious Time）描述成一段很特別的時光：

珍貴時光，是一段「你全心投入，讓大家知道你有多愛他們和關心他們」的時光，因為死亡可能迫近或者就快降臨。死亡是不能彩排的，我們也不可能有重來的機會。這或許是一個人一生當中最重要的大事之一，至於那些活著的人，往後餘生都會帶著那份回憶。珍貴時光，是要讓「你說出自己必須說的話，但不要說出可能會令自己懊悔的話」的一段時光。

留下來的親人通常很悲痛。「我以為我們還有很多時間」，或者「我沒有想到誰誰誰就快死了」。定出一段珍貴時光有助於人們可以比較不留遺憾地迎接死亡或者迎接親人的死亡。所以我們必須先願意討論臨終這個議題才行，尤其是在它趨近的時候。

「珍貴時光」這個名詞是我亡夫包伯・倫柏格（Bob Lehmberg）創造的，他曾是臨終關懷醫師，總是告訴病人和家屬「你們現在正在進入珍貴時光」，目的是協助他們明白死亡正在接近。我們常會接到往生病患的家屬寫來的字條，謝謝包伯讓他們知道自己正處在珍貴時光裡。

你的珍貴時光看起來和聽起來是什麼樣子？你會使用這個字眼嗎？還是你會另取別的名稱？無論名稱是什麼，這都是一段慢下腳步，彼此靠近的時光。它可能從即將離世的人還能跟別人溝通的時候就開始了，然後慢慢進入垂死狀態，直到呼出最後一口氣，甚至延伸到之後，所以無須太倉促或立刻做些什麼。對有些人來說，照護逝者的軀體可能也被囊括在珍貴時光裡，尤其如果在他們的信仰裡，往生後的溝通和交流仍然可以持續進行而且很重要的話。

　　你的目標是幫自己演繹出這些細節，然後把你臨終病榻前的願望讓大家知道。

第 **12** 章
思考人生終點的規畫

現在你要藉由設計臨終病榻空間裡的各個部分來幫助勾勒出專屬於你的規畫。請注意，以下範例並不是醫療表格或法律文件，但它的內容可以充實和輔助預立醫療照護的諮商文件。務必查看一下附錄，可以從中找到更多的規畫工具。但現在請先回答以下問題，才能瞭解什麼適合你，並符合你的需求。一如之前，先詳讀之後，再做選擇。

誰？

你的社群中有誰？你的小圈子裡有誰？你有哪些家人——有血緣或沒有血緣的？你是否有一位可靠穩定、可以信任且依賴的核心人物或聯絡人？

_____

_____

_____

不是每個人都有很要好的朋友或親密的家人，但通常都會有好心人在你提出要求的時候熱心提供協助。想想你的群體，你曾經幫忙過的人們，或者有任何你隸屬或曾參與過的團體，譬如信仰團體、讀書會、球隊或活動團隊、志工或育兒社群等等。擴展你的範圍，在你徵詢他們意見之前，先不要輕易排除對方可能的意願。

　　接下來，思考並規畫一份涵蓋所有重要事務的清單，這些事務是你在最後的日子和過世後需要人協助的——包括日常的、每週、每月、每季，以及一年一度的——包括很實際的事務，以及任何一項對你個人來說別具意義的事情。

事務	幫手
＿＿＿＿＿＿＿	＿＿＿＿＿＿＿
＿＿＿＿＿＿＿	＿＿＿＿＿＿＿
＿＿＿＿＿＿＿	＿＿＿＿＿＿＿
＿＿＿＿＿＿＿	＿＿＿＿＿＿＿
＿＿＿＿＿＿＿	＿＿＿＿＿＿＿
＿＿＿＿＿＿＿	＿＿＿＿＿＿＿

現在，請在清單上用星號標示出絕對必要的事務——也就是那些如果做不完一定會發生災害性、危險性或有害的後果。這可以協助你排出優先順序。你也可以再進一步用星星數量來幫它們排序。譬如三顆星代表必要、兩顆星代表重要、一顆星代表最好能考慮到。

再回到你的事務清單上，開始在每個項目旁填寫可能的幫手的名字，先專注在必要的項目上。找出誰可能願意幫忙和擅長這件事。你信任誰？你可以倚賴誰？如果你沒有強大的人脈，你可能得從外面找人手來幫忙，無論是有薪的或是志願者。寫下他們的職務頭銜，譬如「遛狗員」或「遺產規畫師」。

你的清單裡有任何缺口嗎？有什麼無關緊要的差事，是你在客觀省思後可以刪除的？又有哪些差事，是你現在就可以慢慢完成或者安排好，以減輕未來負擔的？

_____

_____

這項練習不只能找出你的待辦事項，也能看出你的角色和身分。在健康每況愈下的情況下，放下你肩上的責任會是難以接受的事，而且在進行臨終規畫時，也難免會感到悲傷。要放手並不容易。你可以先暫停一下，處理這些情緒，如果願意也可以寫進日誌或做一些自我滋養的練習。

_____

_____

臨終聚會

除了要知道你生活上可能有哪些事務需要幫忙，以及誰可以來擔任這些角色之外，你也必須想一想臨終之際，有誰會在你病榻旁。有些人很清楚自己希望誰在旁邊，也立刻想到那幾張臉。又或者你可能一開始不是很清楚，但可能在我們繼續探索臨終規畫裡的其他層面時，你發現自己又再不斷回到這部分進行修改，並補充細節。

首先，想想你信任的核心夥伴圈，再從那裡開始。下面是個示例——可能吻合或不吻合你現有的人脈網——但目的都是要激發你去動腦。

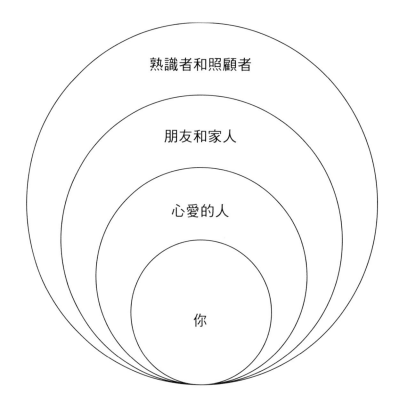

想想看在這些圈子裡有誰是你現在能聯繫到的人，你希望他們在你臨終時參與到什麼程度。為了協助你形象化這整個過程，先想一想自然臨終過程中的常見階段：

1. 結束治療（curative treatment），改採舒適照護（comfort care）。
2. 體力和注意力開始下降，需要更多支持。
3. 睡眠增多。
4. 進入臨終，當事人已經不太能與病榻前的人互動，或者完全不互動。

你可能希望某些訪客在特定階段前來看望，其他階段則不希望。但你也可能希望這段旅程中有自己獨處的時期。

所以，這部分的規畫方法有完全不同的涵蓋範圍：

我的→我們的→你們的

有些人決定制定出他們心目中最理想的臨終畫面，然後頑固地不肯退讓。這就是所謂「我的」版本。而另一個極端是「你們的」版本，意思是把自己的個人願望全擱置在旁，只考慮他人的需求和喜好。所以，你可能會發現比較中庸的「我們的」版本較切合實際，對所有參與者最健康。

藉由這種方式，你既能主導自己的想法，也能同時考慮到別人可以如何幫忙實踐這個計畫。如此一來，才不會讓大家感到失望，或者不堪

重負和懊悔。現在就花點時間針對一套最周全的辦法做些整理和記錄。

_____

_____

　　你現在就可以先安排好你喜歡的照顧支持團隊，以後可以在你身邊幫忙。他們是誰？在打造你的照護圈時，記得將自己潛在的需求考慮進去——包括身體、情緒、心理、社交、醫療、精神、整體和訊息方面。列出這些人的名字或角色。

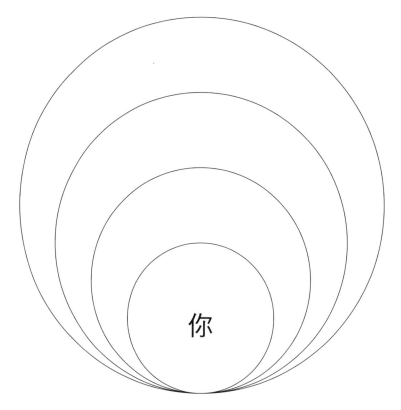

這張圖可以在書末附錄3中找到

被你選上的這些人，是因為你欣賞他們的什麼特質？你們的關係是什麼？他們能提供什麼樣的協助？

_____

_____

_____

_____

_____

你是否有任何人，無論是在整個過程中還是某些時段內，你寧願他不在場？

_____

_____

_____

_____

_____

反思

你身邊圍繞著你所選擇出來的一群人，感覺如何？你還發現了什麼可能不足的地方嗎？如果有，要怎麼解決？

_____

_____

_____

若有一些人是你不希望在臨終前看到的，因為他們可能會引發強烈的情緒和各種的回憶。請一定要找人支持你，例如有慈悲心的傾聽者，以及各種應對技巧。

　　請記住，不是每個人都能在自己的生活裡暫時按下停止鍵，放下一切，陪伴你這段旅程。此外，就算環境許可，也不是每一個人在情緒上，都能承擔起這種陪伴的工作。只是被人拒絕可能會被看成是一種對個人的攻擊。難道我不夠重要嗎？我對這個人來說一點意義也沒有嗎？千萬記住，不想參與另一個人的臨終計畫，多半是出於恐懼，並非不在乎。

　　你可能現在（或者盡快）就去展開對話，探詢這些人的意願，也同時解釋你的心願。你甚至可能會和幾位親人達成協議，要在臨終和悲痛這種艱難時刻相互支持。為了因應臨終照護規畫所引發的焦慮，互惠是個好方法，兩人之間誓言彼此支持，這可以讓雙方都感到安心。

什麼？

既然你已經想像出誰可能守在你身邊，現在就讓我們來想想在你的最後階段可能發生什麼。你所屬的團體會用什麼方法紀念你？你想在臨終時包括哪些特殊儀式或表現什麼樣的個人風格？有沒有考慮任何宗教習俗或精神信仰以及：

讀物：最喜歡的書、詩集、口號、宗教或靈性文字、親人訊息等等

_____

_____

_____

冥想或放鬆：預先將指引錄好或者使用文字（包括這些冥想或放鬆的名稱是什麼，以及地點在哪裡）

_____

_____

_____

儀式：完整規畫或是基本願望（包括名稱是什麼和地點在哪裡）

_____

_____

香味：鮮花、溫和的精油、蠟燭、線香、最愛的烘焙／烹飪食物

_____

_____

供桌與神聖的飾品：如明信片、照片、療癒石、塑像這類視線的焦點

_____

_____

照明：假的或真的蠟燭、頭頂上的燈要昏暗還是明亮

_____

_____

你可以依據它們的重要性來排列順序。什麼是絕對優先的？什麼是還不錯，但並非必要的？用星星或數字來標示它們的排序。

現在再針對什麼這件事想一想還有什麼額外的問題。

你想穿什麼樣的衣服？你比較喜歡什麼材質的床單和被子？

_____

_____

在儀容方面，哪些對你是重要的？（如鬍子、髮型、化妝等等）

_____

_____

在你的「什麼」裡面，還有另一個層次，那就是聲音。據信聲音是最後消失的感官。當然，聽到和注意到是兩回事。但就算臨終時我們的注意力或意識是專注在別地方（譬如回顧一生或靈性體驗），為了以防萬一，我們還是先假設自己其實還聽得到，所以最好在這方面做些安排，才是明智之舉。

在你最後的幾週、幾天和幾分鐘，你覺得你想聽到什麼聲音？你喜歡有人唸書給你聽？還是分享回憶？或是你喜歡白噪音？大自然的聲音？還是音樂？

南西姑姑死亡的經歷帶給我很大影響，所以我們再回到她的身上，當時我曾向一位表親提議播放她最喜歡的音樂。因為音樂不只能覆蓋醫院裡在所難免的維生機器聲響，還能創造出專屬個人的氛圍。在她嚥下最後一口氣，淌下最後一滴淚時，海灘男孩（Beach Boys）都在對著她輕輕唱著情歌。

有些音樂安寧療癒師（music thanatologist）和臨終陪伴歌手（threshold singers）相信歌曲可以在我們垂死之前，撫慰我們的心靈，但他們也認為熟悉的歌曲可能讓我們在死亡迫近時留戀肉身，進而打斷整個過程。基於這個理由，他們建議最後幾個小時最好播放或吟唱一些不熟悉的歌曲。你或許可以思考一下你對這種說法的看法。你認同這種想法嗎？

如果你對此有興趣，可以在接下來的練習中為生命的終點製作一份專屬於你的播放清單。這份清單是在詮釋你個人，它能反映出你的音樂品味，如果你選的歌曲橫跨不同世代，也會像是漫步在充滿回憶的巷弄裡。

我的臨終病榻音樂播放清單

音樂分類：

撫慰人心用的

_____

_____

_____

_____

_____

_____

_____

_____

提振精神用的

_____

_____

_____

_____

_____

追憶用的

_____

_____

_____

_____

_____

反思

製作專屬個人的音樂播放清單感覺如何？你在建立自己的清單時，也同時在聆聽音樂嗎？

_____

_____

_____

_____

_____

音樂可以在精神上和情感上讓我們身臨其境。它可以帶我們回到我們的過往，或送我們前往我們想像的世界裡。它可以轉化我們的心情。

你可能會想更進一步，實際上為自己多創建幾份播放清單。最好幫每份清單都取個適合的標題，這樣你的臨終照護圈就會清楚何時該使用它們或者如何使用。你可以建立一份臨終時刻專用的特定清單，以及其他幾份清單，以便根據情況來提振心情或平靜情緒。

如果你沒有整理歌曲清單以供播放的專門知識，不妨請教你的關懷圈。人們通常都希望能有機會提供協助，尤其是具體的協助。

何時？

我們刻意跳過對何時的練習。在臨終關懷這個領域裡，時間充滿了神祕。當某人得到不治之症時，醫療照護提供者有時會預估大概還能活多久，通常的範圍不出「幾年或甚至幾個月」、「幾個月或甚至幾週」、「幾週或甚至幾天」、「幾天或甚至幾小時」。預後是綜合統計上的平均數字和個人健康因素一種最佳猜測下的預測。但總有一些異常狀況和例外，使得確定「何時」更加困難。

如果「何時」成為你旅程中一個迫切的問題，你可以擴大你的焦點，去找醫療照護提供者聊一聊，瞭解自己應該有什麼樣的預期心理。詢問臨終階段的共通之處是什麼，會有哪些症候和經歷哪些階段，有什麼支持策略可以解決可能出現的痛苦。

何地？

有些人早就想好自己想要臨終的地方。他們可能對於在什麼地方嚥下最後一口氣，有很強烈的主張。有些人希望是在「家」裡（不管家可能在哪裡），或者在一個朋友或某個家人的住所裡。也有些人希望能在安寧病房裡，待在一個像居家一樣的環境裡接受醫療照護。但也有人覺得留在醫院裡最安全，因為那裡比較熟悉，院方知道你過去的病史或者目前有哪些併發症。你也許已經幫自己想好了一個地點，又或者這可能是你還沒仔細想過的新話題。

通常，空間本身的感覺，會比一個明確的地址來得更重要。此外，我們往往無法預測會在哪裡接受所需等級的醫療照護。有時，礙於症狀太過嚴重或者疼痛難以消除，只好突然改變計畫。這看起很像一種挫敗，但如果我們預先承認這種情況的可能發生，還是可以討論出一些應變計畫和環境樣貌，這樣一來，不管最後是在哪個地方臨終，都可以變通。

當你照著以下提示進行冥想時，請記住這些考量點，同時調整你的優先順序和心願。

冥想練習：你的何處

無論臨終這件事會在未來的什麼時候發生，先騰出五到十分鐘的時間集中注意力想像自己正躺在臨終病榻上。如果喜歡，可以選擇真的躺下來，閉上眼睛進行這個。你也許想靜靜地聽一下你的臨終播放清單。把自己完全沉浸在當下氛圍裡，專心尋找你內心和四周那種深沉的舒適感。當你感到真正的放鬆，冥想的畫面變得清晰之後，花點時間仔細查看四周（在你的想像裡）。

這地方對你來說是什麼地方？感覺如何？聞起來的味道如何？空氣中有香味瀰漫嗎？你四周圍繞著什麼？有誰在場？你身上穿著什麼？有什麼特別的物品圍繞在你身邊嗎？

等你想好了，再讓自己回到當下，寫下你冥想期間留意到的一切。現在詳細描述你心目中理想的臨終場所。此外，也留意一下這地方主要是哪一點令你覺得很溫馨舒適。

基於照護需求，有些時候，當事人必須被挪動到別的地方，所以還有哪些其他地方是你可以接受的？你的理想場所有哪些部分是可以在別的地方複製出來的？

對於何地這個問題，什麼對你來說是最重要的？

_____

_____

_____

_____

為什麼？

儘管你不必覺得要有壓力為自己的選擇辯護，但若是能讓別人知道你的理由何在，絕對會比較有助益。為什麼你寫下的那些偏好對你來說很重要？你為什麼有這樣的感覺？

_____

_____

_____

_____

為了進一步傳達你的理由，請思考你的價值觀和優先考量——也就是你人生的指導原則。若是需要靈感，可以隨時回顧你在第十章寫下的那些信念。

分享你最堅信的信念、希望、道德和理想：

_____

_____

_____

_____

請定義「勇氣」對你來說代表什麼？分享一個可以舉例說明勇氣是什麼的故事：

_____

_____

_____

_____

描述你最美好的一天，從開始到結束：

_____

_____

_____

_____

_____

如果可以，你會怎麼把你所認定的指導原則、你對勇氣的想法，或者最
美好一天當中部分的細節融入你的臨終規畫裡？

_____

_____

_____

_____

_____

如何？

　　我們不會深入探討你「如何」死亡的方式，因為這是一個複雜又幾乎抽象的主題。我們多數人無法真正掌握生命結束的方式，包括原因和時間。有些人希望他們在睡夢中安詳去世，也有些人希望在臨終時保持清醒，身邊也許圍繞著親人，伴隨著祈禱或誦經的聲音。你會如何死亡這件事，有一個層面是可以想一想，就是你在臨終時所希望的清醒程度。

　　你可以記住這些因素：

- 病人可以與醫療照護提供者商討各種不同止痛藥物，瞭解其中的風險、好處和副作用，並討論對過度使用或成癮性的疑慮。止痛藥物可以很大程度地降低痛苦（若會痛苦的話）。
- 除此之外，還可以考慮其他舒緩措施，譬如變換姿勢、周到的個人護理，和整合性療法（譬如觸摸療法和按摩、能量療法、針灸、寵物治療、芳香療法、飲食支持、音樂療法、冥想等）。同樣的，這些都是病人病重或末期時，可以和照護提供者進行的討論。

　　此時，無論你目前的健康狀況如何，都可以問自己：在我臨終時，我是寧願被深度鎮靜並完全舒適？還是即使忍受一些痛苦，也要保持清醒？或者介於兩者之間？

寫下你初步的想法，以及你可能向醫療照護提供者提出的任何問題。

臨終前的探視

在你的如何裡有一個因素是：你要如何迎接訪客進入你的臨終空間。人的臨終之旅是一段尤其令人恐懼的過程。在這種非常時期，別人通常都會緊張到不敢現身和在場。我該要說什麼話？我該怎麼做？這些疑慮都會讓別人想徹底保持距離，不想接近。因此，臨終過程可能會很孤獨。

有一位導樂師曾分享一個令人心碎的故事，講述了她在如何支持一位朋友走過生命的最後階段。她的朋友希望花更多時間與他熟悉和關心的人相處。但他注意到，隨著病情加重，愈來愈少人願意順道或定期來探視。他認為主要原因應該是大家都很緊張，於是請導樂師傳達訊息給他的親友圈。「來說錯話吧」他懇求說。他希望人們能自由地來探望他，不必害怕他和情況的嚴峻。

如果你認為你會希望和享受臨終時有人來探望你，請想一想你可能會如何鼓勵他們來陪伴。你可能會傳遞什麼樣的訊息？怎樣能最好地反映出你的聲音、個性和希望？它可能是一句話或一段話。你可以提醒你的親友圈，你還是你（「我不是我的病痛，我還是我。」），並且你希望

能繼續見到彼此。

_____

_____

_____

_____

_____

　　除了這個訊息之外，你也可以製作歡迎字條，送給走進這個臨終空間裡的每個人。這裡提供你一個參考框架和一些你們相處時的點子。

　　例如：

　　歡迎你！我很高興你來看我！希望我們在一起的時光能夠讓你放下鞋子、鑰匙、行動裝置和擔憂，讓我們能夠毫無干擾地相處。若是我醒著，請隨意與我交談。我想聽聽你最近的生活，又或者可以聊聊我們以前共有的時光。如果我睡著了，請隨便拿起一本我擱在邊桌上的書，大聲唸給我聽，或者只是靜靜地坐著陪伴。在你離開之前，請在我的訪客簿上留言給我（寫點陳年往事或祝福都可以），這樣即使在你離開之後，我還是能珍惜我們之間的情誼。

想想什麼能帶給你安慰，以及在本章中你已經確定的各種願望，你想如何歡迎訪客參與你的臨終過程？寫下你個性化的歡迎信吧。

身後事的安排

另一個關於如何的問題是你希望死後如何處理你的**軀體**。如果你已經在你的預立醫療決定（advance directives）裡詳細回答過這個問題，這是一個讓你重新檢視它們是否仍然符合你心意的機會。但如果你才剛開始要進行這類規畫，請按照自己的步調，輕鬆地思考以下問題，感覺舒適時再繼續。

在你過世的當下，你希望親人或護理人員要做什麼或者不要做什麼？

你希望有一段時間讓你的軀體不受任何打擾嗎？

_____

_____

_____

你希望在多長時間後開始進行入殮（如何入殮你）

_____

_____

_____

有任何儀式是你希望別人幫你進行的嗎？（譬如清洗你的軀體和塗抹膏油，幫你穿上某種服裝，或頌讀特定的禱文、舉行特定的儀式、誦經或唱詩歌？）或者在你嚥下最後一口氣之後，會想進行任何文化、靈性或宗教的習俗嗎？

_____

_____

_____

如果可能，你是否希望捐贈任何組織或器官供作移植？或者捐贈大體供醫學研究之用？

_____

_____

_____

_____

你想舉行守靈或追思會嗎？如果是，是在家裡嗎？（你的朋友和家人可能需要進行法律和一些實務上的程序，也許殯葬業者或臨終導樂師可以協助指導進行。）又或者你計畫提前進行生前追思？還是你完全不希望舉行追思？

_____

_____

_____

_____

你對安葬的計畫是什麼？

以下是幾個可以考慮的選項（這些選項主要是美國的方法）：

火葬或水葬

- 火葬（在有些地方，也可以選擇在火葬堆上進行露天火化）
- 水葬，也稱之為鹼性水解或水化法──一種有別於火葬、比較環保的方法，使用的是水、強鹼和高溫。

土葬

- 生態葬或自然葬（不使用防腐和混凝土墓穴，採用可生物分解的材質，如原始木料或紙板做的棺木，或只用裹屍布簡單包裹）
- 傳統土葬（即在受承認的保護機構保護的土地上進行自然葬）
- 家庭墓葬
- 現代公墓墓葬（地下、陵墓或墓穴，單獨下葬或與親人同葬，軍人公墓）
- 海葬

有愈來愈多地方也開始提供自然有機葬（natural organic reduction），也稱之為人體堆肥葬（human composting）。

花點時間研究一下哪種葬法是合法的和對你可行的，再考慮哪一個是你能負擔和喜歡的。

最後，根據你的喜好，決定是否希望有一個墓地或類似的地方。會有人去一個實體地點哀悼你和追憶你嗎？（如公墓或紀念花園）還是只藉由記憶和心中的感受來想念你？

在美國之外的地方，以及在歷史上，有各種各樣無窮盡的死後傳統。你可以花點時間研究和探索，以拓展這方面的知識。我們不會知道自己不知道的事物，直到我們開始學習。承認人類存在的時間愈長，死亡就成為不可避免的一部分。反思你的祖先的傳統，並研究你所在區域其他的可能方式，這是非常有啟發性的。臨終的各種選擇，可以反映出你的個人特質和對生命中重要事物的價值觀。用什麼方式能最好地紀念你呢？

對生命的禮讚

下一個關於如何的主題，是你想如何禮讚你的一生？在這個任務裡，你將規畫自己的生命典禮。組織你自己的臨終大事，不代表你（或其他人）一定得照計畫完成。有些人僅是藉由思考過程中的細節來從中找到意義。（你可以從書後附錄3找到相關的計畫表格。）

規畫。你的生命典禮可以是在你還活著的時候，舉辦一場生前葬禮（也稱為生前追思會），或者也可以是在你過世後舉辦追悼會。這兩者都包括相類似的元素。規畫你的生命典禮時，也一樣要善用誰、什麼、何地、何時、為什麼和如何這些問題來完整勾勒出具體細節。

誰。你想要誰在場？你想像的是一場大型盛會，還是安靜的聚會？賓客要到場，還是可以線上？或者混合？還是兩種各辦一場？

_____

_____

_____

_____

_____

什麼。在這場典禮中，你希望有些什麼安排？閱讀？念預先準備好的悼詞或演講？任何人都可以被邀請上台說話嗎？播放什麼音樂？安排什麼儀式？有什麼宗教或靈性祈禱或流程？有食物和飲料嗎（找外燴、自帶餐點，或者由親朋好友提供）？要擺設框好的相片嗎？要放拼貼畫嗎？有幻燈片秀嗎？有訪客留言簿嗎？有告別禮物送給參加者嗎（訂製的蠟燭、植物種籽、紀念品等）？

何時。這場活動要何時舉行？不同於本章之前提到臨終規畫時跳過的部分，現在我們對時間的安排有更多決定權了。如果你打算舉辦一場生前葬禮，有時難免會因健康狀況惡化而需要加快進度，但您可能已有心中希望的星期幾、月份或季節。若是規畫過世後的葬禮，你可能希望是在死後過了一定天數之後才舉辦，或者你比較喜歡星期幾舉辦，或具體指定一個日期。

何地。這場活動可能在哪裡舉辦？首先評估你的預算。你保留多少金額在這筆費用上？其他人可能可以貢獻多少？接著考慮場地。是要在室內還是戶外？可能是後院、宗教場所、安葬地點，或是其他能容納這類活動的空間，如圖書館、餐廳、倉庫、靜修中心、博物館、高爾夫球場、公園、海灘、學校或大學，或者其他對你來說別具意義的地方。什麼場地較適合你和你的賓客及活動？要是你的首選場所無法使用，還有什麼替代場所是你能接受的？

為什麼。為什麼要舉辦生命典禮？因為我們在世時建立的連結和對世界的影響是重要的。它們值得被紀念。使你活得很低調，也還是有值得紀念的成就。你絕對曾經克服各種阻礙，熬過各種艱辛。你曾經有過人脈與情誼，再說，生命典禮是一個難得的機會，可以共同哀悼和追憶。這有助於重新整理失去的感覺。考慮到這些說法，還有什麼理由可以攔住你？你對它有什麼樣的期待？

如何。這個計畫要如何達成？你可以提前安排到什麼程度？你現在需要多少協助？等到生命典禮實際開始時，又需要多少程度的協助？

_____

_____

_____

_____

活在記憶裡

在這最後的如何的任務裡，我們會把焦點放在你想要的紀念方式上。首先，思考這些開放性問題：你希望別人怎麼記住你？你認為他們其實會記住你的什麼？別人可能會怎麼形容你的個性？你可能會如何活在別人的記憶裡？

_____

_____

_____

_____

你可以藉由以上答案來幫自己寫訃聞。雖然訃聞是用來通知死訊的一種方法，但也可用來簡單回顧一生。不是每個人死後都會發布死亡通知。有些人在世時就會表明他們對這種慣例做法的贊成或反對，也有些人是由下一代來代替他們做決定。無論結果如何，為自己寫訃聞絕對是一門很具啟發性的功課。它可能永遠不會讓別人看到，也可能一字不差地對外發表，又或者會被你的親人當作訃聞的初稿。

　　在你下筆之前，想想你要的風格和最適合的語氣。你想要你的訃聞讀起來如何？給別人什麼印象？你希望它可能達到什麼效果？你喜歡傳統格式還是想加入些獨特的風格、幽默感或感人的因素？你希望它是絕對「正面」的，只提到美好的時光嗎？這裡有些開放性的提示可以幫助你動腦。你也可以善加利用你在本單元先前做過的幾項練習。

自傳（時間軸和人際關係）

深具意義的時刻

_____

_____

_____

_____

_____

各種成就和自豪的原因

_____

_____

_____

_____

_____

人格特質

_____

_____

_____

_____

_____

嗜好和興趣

_____

_____

_____

_____

_____

個人信條（你的座右銘或墓誌銘，也就是刻在墓碑上的文字）

_____

_____

_____

_____

_____

對人生的忠告，以及對你最好的致敬方式是什麼

_____

_____

_____

_____

_____

_____

你已經想出墓誌銘的一些可能元素了，現在可能會想寫出一篇比較完善和有條理的版本。不必拘泥，想按照傳統模式或者突破常規都可以。

我的墓誌銘

_____

_____

_____

_____

_____

_____

_____

無論你是只從先前的臨終規畫中選擇其中一些來做，或是全部完成，你都已經做了相當程度的內在探索，這需要耗費巨大的能量。現在先做一個淨化的深呼吸吧，為自己的努力讚美自己，用一個能真正滋養自我的行為來獎勵自己。

Part VII

告別禮物：道別

我們在本書中進行的許多任務都還處於理論階段。你一直在想像自己可能會經歷的臨終旅程，同時也在這過程中練習對自己慈悲、處理焦慮，和回顧過往經歷。

這些練習毫無疑問地都很珍貴。但我們也可以從別人面對死亡的經驗裡頭直接學習，使我們的理解更具層次。

所以，面對臨終的人最常談論什麼？他們快到生命盡頭時，通常都在乎什麼？

身為一名臨終照護的提供者，我觀察到一些顯著的共通點。疾病末期的人在快走到生命終點時，物質上的事物和金錢往往不再那麼重要。隨著他們的世界愈來愈小——從平常會出現在社區裡，縮小到後來只待在家裡，然後只能躺在床上或坐在椅子上——於是他們注意的焦點也會跟著縮小。他們開始轉向內在，思索自己會遺留下什麼，或者影響過別人什麼，以及自己的人際關係。

在黛安·巴騰（Diane Button）的著作《親愛的死亡》（*Dear Death*, 2021, 141）裡，她借鏡自己的導樂師經驗寫道：「在生命終點時……我

們會關心人與動物。我們想知道自己是否曾仁慈對待這個受傷的地球，和那些有需要的萬物。我們在乎的是愛與被愛。我們在乎的是讓這個世界，變得比我們原先發現它的時候來得更美好。」

無獨有偶地，安寧牧師兼作家凱利・伊根（Kerry Egan, 2017）也發現她服務的個案經常談到他們感受到的愛和付出的愛，和他們沒得到或不知道如何給予的愛。

伊根還說，人們不是活在神學或各種理論裡，而是真實活在我們的家庭裡——我們所出生的原生家庭，我們組成的家庭，也包括與好友們一起組成的家庭。這些是我們創造生活的地方，是我們找到意義的地方，也是讓我們目標變清晰的地方。

如果我們能在被死亡召喚之前，就先獲得這種焦點集中但清明的視角會怎麼樣？要是我們現在就能在所剩時間不多的情況下，以希望的方式來生活又會怎麼樣？我們可能會少些遺憾嗎？能修補一些關係嗎？能治癒一些傷痛嗎？我們能重新調整生活裡的優先順序，向我們所珍視的一切致上敬意嗎？

假設你目前健康狀況良好或者還很穩定，那就想像你剛剛收到一張診斷書，說你只剩一年或一個月，甚至一個禮拜可活。又或者，假如你現在正在生病，那就溫柔地評估自己的體力和各種掛慮。然後反問自己：

此刻有什麼事是我最在乎的？

趁還有時間的時候，我或許還能對什麼曾被耽擱或遺忘的事採取行動？

第 **13** 章
永別

你已經撐到這本書的最後幾點提示了。恭喜你！

你可以按你自己喜歡的方式來解釋和作答，勵志也好，隨性也好、帶點指導性也可以。你可以用完整的句子來寫，也可以草擬清單，完全不必拘泥。你也可以放進詩句、名言或歌詞。無論你寫的內容是針對特定的人還是一群人、自己或整個人類，都挖掘你內在的智慧和聲音。

這是你的書，這些是你的反思。

表達你哀傷的言語……

我希望你（你們）……

_____

_____

_____

_____

_____

_____

現在，我們必須體現出我們檢視過的各種原則。承認無常和練習道別的藝術這兩件事的重要性不容輕忽。在這本書裡，你已經來到了覺知生命有限的終點——而這本身就是一種洗禮。

你可能曾在這個過程裡，解構了一些舊有的思維方法，為新的可能和視野騰出新的空間。你深入未知領域——閾限空間——敞開自己，接受你在癒合和成長中所挖掘到的各種不安與解脫。而此刻的你容納所學到的一切，浴火重生。

所以親愛的讀者，這個「善終」的練習對你來說如何？是出乎意料的嗎？很有啟發嗎？還是感到挫折？或傷感？

無論它帶來什麼，都希望能驅動你前進，深化你的追尋。願這一刻是以感恩的心情做為一切的結局。願它能敦促你暫時停下腳步，回顧你所挖掘到的一切，再直視前方那正等待著你的一切。只要你還在呼吸，你就會穿越混亂與光芒，作為人類——作為必死之軀。

　　你有什麼遺留下來？

附錄 **1**
預立醫療照護諮商專用的
價值觀分析表

下面是你在決定自己所偏好的醫療照護時，必須考量到的一些問題。它們源自於非營利組織慈悲與選擇（Compassion and Choices）臨終決策指南（End of Life Decision Guide）裡的價值觀和優先考量分析表（Values and Priorities Worksheet；此表單可以在https://compassionandchoices.org/resource/eoldgt這個網址取得）。你也許會想寫下自己的答案，再把複本交給你的家人和醫療照護提供者，又或者只是單純將這些問題當成某種「精神食糧」，作為各種討論的基礎。

下面項目對你來說有多重要？

	非常重要				不重要
順其自然	4	3	2	1	0
維持生活品質	4	3	2	1	0
忠於我的精神信仰和傳統	4	3	2	1	0
無論生活品質如何，都要盡可能久活	4	3	2	1	0
獨立	4	3	2	1	0
盡可能讓自己舒服和沒有疼痛	4	3	2	1	0
為我的家人和朋友留下美好的回憶	4	3	2	1	0
為醫學研究或教學作出貢獻	4	3	2	1	0
能與家人和朋友建立良好關係	4	3	2	1	0
不受生理上的限制	4	3	2	1	0
保有頭腦的清醒和思辨能力	4	3	2	1	0
能留錢給家人、朋友或慈善團體	4	3	2	1	0
寧願死得快一點，也不要苟活	4	3	2	1	0
避免昂貴的醫療照護	4	3	2	1	0

臨終時，哪些事物對你來說很重要（比方身體舒適、沒有疼痛、家人在場）？

_____

_____

_____

_____

你對在以下情況中使用各種維生手段的看法如何？

- 疾病末期
- 永久昏迷
- 不可逆的慢性病
- 失智症

你對特定的醫療手段有強烈好惡嗎？

- 靠機器呼吸（呼吸器）
- 心肺復甦術（CPR）
- 人工營養和水分補充
- 醫院裡的重症加護
- 緩解疼痛的藥物治療
- 抗生素
- 化療或放射治療
- 外科手術

_____

_____

_____

你的生理或心理健康有哪些受限的地方會影響你在醫療保健上所做的決
定？

_____

_____

_____

如果病情有需要，你願意被安置在療養院或護理機構嗎？

_____

_____

_____

如果你的目標是臨終時能舒服地待在家裡，你會寧願用安寧照顧來取代住院治療嗎？

_____

_____

_____

總體而言，你希望參與和你醫療照護及治療有關的決策嗎？

_____

_____

_____

你希望清楚知道自己的病情、治療選項和治癒機率嗎？

_____

_____

_____

預立醫療決定

當你能清楚表達自己的價值觀和優先考慮事項時，就表示你已經準備好可以完成你的預立醫療決定了。它能在無法自行溝通或做出醫療決定時，表達你對臨終的主張。通常預立醫療決定會包含一份生前遺囑（「我想要什麼」）和一份醫療性永久授權書（medical durable power of attorney）（「誰可以代表我發生」）。此外，也可能涵括其他文件。

如果你是在美國境內，你可以上「慈悲與選擇」（Compassion and Choices）組織的網站找到你所在那一州的表格：https://compassionandchoice.org/in-your-state。

維生醫療醫囑

維生醫療醫囑（Physician Orders for Life Sustaining Treatment，簡稱 POLST）是醫師寫的具體醫囑。若想瞭解更多訊息，若在美國可以參閱我們的線上 DNR/POLST 資源（http://www.compassionandchoice.org/end-of-life-planning），也可以上美國的 POLST 網站，查明更多資訊，瞭解你當地那一州的表格內容（http://www.polst.org/programs-in-your-state）。如果你需要一份 POLST，就必須和你的醫師一起完成。[1]

---

1 台灣預立醫療相關資訊可參考衛福部網站。https://hpcod.mohw.gov.tw/HospWeb/RWD/PageType/acp/introduction.aspx。

附錄 **2**
「為生命終點總整理」
作業清單

請檢視以下項目，將有助於確認在你臨終或醫療緊急狀況下，你親人或照護夥伴需要的明確資訊。你可以選擇把更多資訊細節補充在這個單元裡。若是如此，請自行刪除不適用的項目，若有其他未納入的項目，也請自行補充。另一個替代方案是，將表列內容寫在一本可隨時追蹤和修改增補的日誌上，或者寫在另一張紙上。但要確保這份文件是放在一個安全、隱密，但你的親人或照護夥伴可以取得的地方。此外，你也可以製作複本，找一個你信任的人代為保管。

個人資料：地址、電話、病情、藥物、醫療保單

_____

_____

_____

聯絡清單：

個人：家人、朋友、鄰居、同事

_____

_____

_____

_____

_____

專業：律師、會計師、保險經紀人、稅務專業人員

_____

_____

_____

_____

醫療照護提供者

_____

_____

_____

_____

_____

重要文件的放置地點：

出生、結婚、離婚證書，合約、和解書

_____

_____

_____

_____

_____

社會安全卡、執照、或其他身分證明、公民證、退役證明

_____

_____

_____

車輛、家用帳單和水電瓦斯、保險合約、地契、房契

_____

_____

_____

納稅申報單、社會安全和失能給付、投資、退休、養老金計畫

_____

_____

_____

商業文件（若是雇主或自雇者）

_____

_____

_____

預立醫療照護諮商、生前遺囑、醫療決策代理人、DNR（不施行心肺復甦術）、信託、授權書

_____

_____

_____

生前對身後事的規畫：殯葬的安排、各項費用、訃聞、對告別式的想法

_____

_____

_____

追憶禮物（數位和實體）

_____

_____

_____

財務資訊：

銀行戶頭、借貸、抵押、信貸、保險箱和鑰匙、存放現金的地方

_____

_____

_____

登入和密碼：

電子郵件、線上業務帳號、社交媒體

_____

_____

_____

寵物：

照顧需知和願望

_____

_____

_____

私人物品放置地點：

_____

_____

_____

額外補充說明：

_____

_____

_____

附錄 **3**
空白表單

這本書中有許多練習，也有很多空白供你在書頁中盡情書寫，
此處另外提供統整好的表單，讓你可將浮現的想法隨時記下。

儀式的要素

有些儀式是為了因應當下的急迫需求而生。它們通常比較順勢而
生，沒有特別規畫。而其他儀式則比較有結構和組織。以下是所有情況
下都需要考慮的四個準備要素。或許你現在就可以開始收集對特定事件
的想法，又或者你可以決定以後再回頭來參考這些建議。

1.場所

這個儀式會在哪裡舉行？室內還是戶外？在熟悉的地方還是不常去
的地點？

2.情境

繼續架構細節。還需要一些什麼？需要什麼樣的特色或家具？哪個
季節或時段最適合或最理想？（切記我們不見得能夠掌控現場可能發生
的事。）你希望誰在場？需要填補哪些角色？如何減少干擾？

3. 腳本

比較正式的儀式通常都有精確的腳本，至於非正式的儀式可能會有鬆散的大綱。若是有人能夠主導，會比較有幫助，但這不一定代表他們得負責所有的發言，反而比較像是負責正式啟動儀式、管理整個流程，以及讓其他人知道什麼時候該進行哪個部分。

4. 神聖性

確定哪些事有神聖性。這意味著要探索深刻的意義。什麼會增添意義？什麼會讓人難忘和覺得特別？你喜歡你的儀式採用什麼樣的調性？是輕鬆幽默或認真嚴肅？儀式讓我們可以用最能產生共鳴的方式來昇華最被看重的事物。

人生回顧

誰？

就你的角色和性格而言，你是誰？你曾與誰共度時光？你與誰親近？你愛誰？

_____

_____

_____

_____

什麼？

對你來說，這段期間什麼是重要的？最難忘的時刻是什麼？你最喜歡的消遣、興趣、店家或餐廳是什麼？當時你相信什麼？

_____

_____

_____

何時？

什麼時候出現了轉捩點？什麼時候發生了重大變化？

_____

_____

_____

何地？

你當時住在哪裡？你日常活動在哪裡？你到哪裡旅遊過或拜訪過？

_____

_____

_____

為什麼？

其中的某些回憶、活動和關係為什麼特別令你難忘？

_____

_____

_____

_____

如何？

回顧這段時期，你對它的感受如何？你是如何應對當時的困境或心碎時刻的？那次的經驗如何形塑出現在的你？

_____

_____

_____

_____

空白照護圈

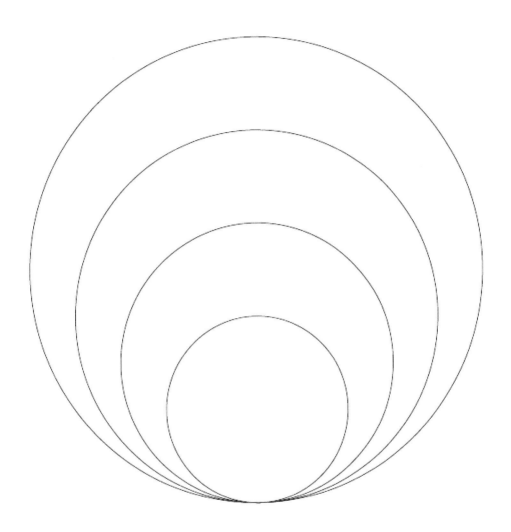

追憶訊息：給特定人的信件提示

各別寫信。如果你選擇對特定幾個人各別寫一封信——無論這是除了那封致所有人的公開信之外又另寫的信，還是你要用這方法來取代那封致所有人的公開信——你都可以包括一些不適合用在公開信件裡，卻格外感性或者你們之間才懂的語言或提示。這些內容可能很簡短也可能很冗長。我這裡有一些強調關係和傳承的提示辦法，可作為你信件內容的靈感來源。

強調關係

你在我心目中是什麼樣的人……

我尊敬／欣賞／喜歡你的地方是……

你在我生命中留下的印記是……

我希望你記住的是……

強調傳承

對我來說，重要的是……

什麼曾啟迪我……

是什麼形塑出我的視野……

我學到了什麼……

我曾經有過什麼掙扎……

我曾經克服過什麼……

我接受了什麼……

在你考慮寫幾封給特定對象的信時，心裡想到了誰？你想在這些追憶信件裡放進什麼你希望對方記住的東西？你可以先把初步的想法記在這裡，以便保存。

_____

_____

_____

_____

_____

_____

_____

_____

_____

_____

_____

_____

對生命的禮讚

規畫。你的生命典禮可以是在你還活著的時候，舉辦一場生前葬禮（也稱為生前追思會），或者也可以是在你過世後舉辦追悼會。這兩者都包括相類似的元素。規畫你的生命典禮時，也一樣要善用誰、什麼、何地、何時、為什麼和如何這些問題來完整勾勒出具體細節。

誰。你想要誰在場？你想像的是一場大型盛會，還是安靜的聚會？賓客要到場，還是可以線上？或者混合？還是兩種各辦一場？

什麼。在這場典禮中，你希望有些什麼安排？閱讀？念預先準備好的悼詞或演講？任何人都可以被邀請上台說話嗎？播放什麼音樂？安排什麼儀式？有什麼宗教或靈性祈禱或流程？有食物和飲料嗎（找外燴、自帶餐點，或者由親朋好友提供）？要擺設框好的相片嗎？要放拼貼畫嗎？有幻燈片秀嗎？有訪客留言簿嗎？有告別禮物送給參加者嗎（訂製的蠟燭、植物種籽、紀念品等）？

何時。這場活動要何時舉行？不同於本章之前提到臨終規畫時跳過的部分，現在我們對時間的安排有更多決定權了。如果你打算舉辦一場生前葬禮，有時難免會因健康狀況惡化而需要加快進度，但您可能已有心中希望的星期幾、月份或季節。若是規畫過世後的葬禮，你可能希望是在死後過了一定天數之後才舉辦，或者你比較喜歡星期幾舉辦，或具體指定一個日期。

何地。這場活動可能在哪裡舉辦？首先評估你的預算。你保留多少金額在這筆費用上？其他人可能可以貢獻多少？接著考慮場地。是要在室內還是戶外？可能是後院、宗教場所、安葬地點，或是其它能容納這類活動的空間，如圖書館、餐廳、倉庫、靜修中心、博物館、高爾夫球場、公園、海灘、學校或大學，或者其他對你來說別具意義的地方。什麼場地較適合你和你的賓客及活動？要是你的首選場所無法使用，還有什麼替代場所是你能接受的？

為什麼。為什麼要舉辦生命典禮？因為我們在世時建立的連結和對世界的影響是重要的。它們值得被紀念。使你活得很低調，也還是有值得紀念的成就。你絕對曾經克服各種阻礙，熬過各種艱辛。你曾經有過人脈與情誼，再說，生命典禮是一個難得的機會，可以共同哀悼和追憶。這有助於重新整理失去的感覺。考慮到這些說法，還有什麼理由可以攔住你？你對它有什麼樣的期待？

如何。這個計畫要如何達成？你可以提前安排到什麼程度？你現在需要多少協助？等到生命典禮實際開始時，又需要多少程度的協助？

謝謝你

有很多人參與了這趟旅程——尤其是我的先人、朋友、家人、個案、同事，以及我的導樂師同業。

謝謝 Ryan Buresh 邀請我寫作這本書，其實這想法早在我心中醞釀，而這經驗也證實非常令人滿意。我要謝謝 Vicraj Gill 協助我整理藏在腦袋裡的那些起初顯得雜亂又龐大的思緒。我沒有想到會多次使用到最終（ultimately）這個字眼，但我很高興書裡各處都有它的身影。我感恩 Gretel Hakanson 的慧眼以及鼓勵，也真的很開心能跟 New Harbinger 整個團隊合作！

特別要謝謝幫我閱讀初稿（或部分初稿）的各界人士，包括 Roberta MacDonald, Kim Callinan, Heather Caulfield, Charles MacMartin, Diane Button, Gretchen Ward, 和 Jackie Weinstock。你們的建言，就跟你們的支持一樣無比珍貴。另外，也要向 Diane Button 致意，謝謝妳邀請我探訪你那片天堂。如果沒有那處幽靜的寫作環境，我真懷疑自己能不能完成這本書。

至於更多的感恩，都收錄在我終活日誌的第二十二頁……

參考資源

Caring Info (Resources) https://www.caringinfo.org/

Compassion and Choices (Planning) https://www.compassionandchoices.org/

Conservation Burial Alliance https://www.conservationburialalliance.org/definitions.html

Death Café https://deathcafe.com/

End of Life University Podcast https://www.eoluniversity.com/podcast

Five Wishes (Advance Directives) https://www.fivewishes.org/

Funeral Consumers Alliance https://funerals.org/

Green Burial Council https://www.greenburialcouncil.org/

International Association for Indigenous Aging https://iasquared.org/

National Asian Pacific Center on Aging https://www.napca.org/

National End-of-Life Doula Alliance https://www.nedalliance.org/

National Caucus and Center on Black Aging https://ncba-aging.org/

National Council on Aging https://ncoa.org/

National Hispanic Council on Aging https://nhcoa.org/

National Home Funeral Alliance https://www.homefuneralalliance.org/

The National Indian Council on Aging https://www.nicoa.org/

SAGE (Advocacy and Services for LGBTQ+ Elders) https://www.sageusa.org/

參考文獻

Arnoldy, F. L. 2018. *Cultivating the Doula Heart: Essentials of Compassionate Care*. Hinesburg, VT: Contemplative Doula.

Banks, A. 2010. "Humans Are Hardwired for Connection? Neurobiology 101 for Parents, Educators, Practitioners, and the General Public." Interview by *Wellesley Centers for Women*. Wellesley Centers for Women, Wellesley College, September 15, 2010. https://www.wcwonline.org/2010/humans-are -hardwired-for-connection-neurobiology-101-for-parents-educators-practitioners-and-the-general -public.

Becker, E. 1973. *The Denial of Death*. New York: Free Press.

Bronfenbrenner, U. 1979. *The Ecology of Human Development: Experiments by Nature and Design*. Cambridge, MA: Harvard University Press.

Button, D. 2021. *Dear Death*. Waialua, HI: Better World Publishing.

Chödrön, P. 2000. *When Things Fall Apart: Heart Advice for Difficult Times*. Boulder, CO: Shambhala Publications.

Chödrön, P. 2003. *Comfortable with Uncertainty: 108 Teachings on Cultivating Fearlessness and Compassion*. Boulder, CO: Shambhala Publications.

Compassion and Choices. 2022. "My End-of-Life Decisions: An Advance Planning Guide and Toolkit." *Compassion & Choices*. https://www.compassionandchoices.org/resources/eoldgt.

Covey, S. 2004. *The Seven Habits of Highly Effective People*. New York: Simon and Schuster.

Dor-Ziderman, Y., A. Lutz, and A. Goldstein. 2019. "Prediction-Based Neural Mechanisms for Shielding the Self from Existential Threat." *NeuroImage* 202:116080.

Ducharme, J. 2020. "COVID-19 Is Making America's Loneliness Epidemic Worse." *Time*, May 8, 2020. https://time.com/5833681/loneliness-covid-19/.

Egan, K. 2017. "What People Talk About Before Dying." *CNN Health*, December 20, 2017. https://www.cnn.com/2016/12/20/health/what-people-talk-about-before-dying-kerry-egan/index.html.

Elder, G. H., Jr., and M. J. Shanahan. 2006. "The Life Course and Human Development." In *Handbook of Child Psychology: Theoretical Models of Human Development*, edited by M. Lerner and W. Damon, 665–715. New York: John Wiley & Sons.

Erikson, E. H. 1950. *Childhood and Society*. New York: W. W. Norton & Company.

Ernest Becker Foundation. n.d. "Terror Management Theory." https://ernestbecker.org/resource s/terror-management-theory/.

Firestone, L. 2013. "How to Identify Your Critical Inner Voice." *Psychology Today*, January 23, 2013. https://www.psychologytoday.com/us/blog/compassion-matters/201301/how-identify-your-critica l-inner-voice.

Gibran, K. 1923. *The Prophet*. New York: Knopf.

Greenberg, J., T. Pyszczynski, and S. Solomon. 1986. "The Causes and Consequences of a Need for Self-Esteem: A Terror Management Theory." In *Public Self and Private Self*, edited by R. F. Baumeister, 189–212. New York: Springer-Verlag.

Gruman, J. 2021. "The Power of Rituals." *Psychology Today*, April 11, 2021. https://www.psychology today.com/us/blog/dont-forget-the-basil/202104/the-power-rituals.

Hamby. S. 2013. "Resilience and 4 Benefits of Sharing Your Story." *Psychology Today*, September 3, 2013. https://www.psychologytoday.com/us/blog/the-web-violence/201309/resilience-and-4 -benefits-sharing-your-story.

Jimenez, G. E. 2002. "My Own Self-Care." *The Hospice Heart* (blog), July 16, 2022. https://www.thehospiceheart.net/post/my-own-self-care.

Juhl, J., and C. Routledge. 2015. "Putting the Terror in Terror Management Theory: Evidence That the Awareness of Death Does Cause Anxiety and Undermine Psychological Well-Being." *Current Directions in Psychological Science* 25: 99–103

Kumar, S. K. M. 2013. *Mindfulness for Prolonged Grief: A Guide to Healing after Loss When Depression, Anxiety, and Anger Won't Go Away*. Oakland, CA: New Harbinger Publications.

Lamas, T., J. J. Froh, R. A. Emmons, A. Mishra, and G. Bono. 2014. "Gratitude Interventions: A Review and Future Agenda." In *The Wiley Blackwell Handbook of Positive Psychological Interventions*, edited by A. C. Parks and S. M. Schueller, 3–19. London, UK: Wiley-Blackwell.

Niles, A. N., K. E. Haltom, C. M. Mulvenna, M. D. Lieberman, and A. L. Stanton. 2014. "Randomized Controlled Trial of Expressive Writing for Psychological and Physical Health: The Moderating Role of Emotional Expressivity." *Anxiety Stress Coping* 27: 1–17.

Norelli, S. K., A. Long, and J. M. Krepps. 2021. "Relaxation Techniques." In *StatPearls*. Treasure Island, FL: StatPearls Publishing.

Palmer, P. 2016. "The Gift of Presence, the Perils of Advice." *On Being* (blog), April 27, 2016. https://onbeing.org/blog/the-gift-of-presence-the-perils-of-advice/.

Pawlowski, A. 2021. "3 Biggest Regrets People Have at the End of Life." *Today*, March 22, 2021. https://www.today.com/health/3-biggest-regrets-people-have-end-life-t212521.

Pennebaker, J. 2021. "Using Expressive Writing to Heal Trauma." *The Weekend University*. Youtube video, 51:59, https://youtu.be/CjEr0xiXqio.

Pollock, A. 2016. "Why I Don't Use the Word Forgiveness in Trauma Therapy." *Good Therapy* (blog), January 20, 2016. https://www.goodtherapy.org/blog/why-i-dont-use-the-word-forgiveness-in-trauma-therapy-0120164.

The Order of the Good Death. n.d. "Death Positive Movement." *The Order of the Good Death*. https://www.orderofthegooddeath.com/death-positive-movement/.

Remen, R. N. 2001. *My Grandfather's Blessings: Stories of Strength, Refuge, and Belonging*. New York: Riverhead Books.

Rites of Passage. 2015. "Stages of a Rite of Passage." *Rites of Passage*. https://wildernessquest.org/stages-of-a-rite-of-passage/.

Ryan, R. M., and E. L. Deci. 2017. *Self-Determination Theory: Basic Psychological Needs in Motivation, Development, and Wellness*. New York: Guilford Press.

Ryan, R., and E. Deci. 2020. "Intrinsic and Extrinsic Motivation from a Self-Determination Theory Perspective: Definitions, Theory, Practices, and Future Directions." *Contemporary Educational Psychology* 61:101860.

Salzberg, S. 2015. "Compassion: A Way of Being in the World." *Sharon Salzberg* (blog), April 5, 2015. https://www.sharonsalzberg.com/compassion-a-way-of-being-in-the-world/.

Schenker, Y., M. A. Dew, C. F. Reynolds, R. M. Arnold, G. A. Tiver, and A. E. Barnato. 2015. "Development of a Post-Intensive Care Unit Storytelling Intervention for Surrogates Involved in Decisions to Limit Life-Sustaining Treatment." *Palliative & Supportive Care* 13: 451–463.

Sansone, R. A., and L. A. Sansone. 2010. "Gratitude and Well-Being." *Psychiatry* 7: 18–22.

Shelton, L. G. 2019. *The Bronfenbrenner Primer: A Guide to Develecology*. New York: Routledge.

Snape, D., and S. Manclossi. 2018. "Recommended National Indicators of Loneliness." *Office for National Statistics*, December 5, 2018. https://www.ons.gov.uk/peoplepopulationandcommunity /wellbeing/compendium/nationalmeasurementofloneliness/2018/recommendednational indicatorsofloneliness.

Tartakovsky, M. 2016. "Connecting to Your Core Self." *PsychCentral* (blog), October 14, 2016. https://psychcentral.com/blog/connecting-to-your-core-self#1.

Wood, A. M., J. J. Froh, and A. W. A. Geraghty. 2010. "Gratitude and Well-Being: A Review and Theoretical Integration." *Clinical Psychology Review* 30: 890–905.

Yalom, I. D. 2008. *Staring at the Sun: Overcoming the Terror of Death*. San Francisco, CA: Jossey-Bass.

向此生好好說再見：
讓臨終導樂師幫助你有覺知地面對生命和死亡

The Death Doula's Guide to Living Fully and Dying Prepared: An Essential Workbook to Help You Reflect Back, Plan Ahead, and Find Peace on Your Journey

作者 法蘭西絲卡・阿諾爾迪（Francesca Lynn Arnoldy）
譯者 高子梅
封面設計 黃鉦傑
責任編輯 張海靜、劉素芬
行銷業務 王綬晨、邱紹溢、劉文雅
行銷企畫 黃羿潔
副總編輯 張海靜
總編輯 王思迅
發行人 蘇拾平
出版 如果出版
發行 大雁出版基地
地址 新北市新店區北新路三段207-3號5樓
電話 02-8913-1005
傳真 02-8913-1056
讀者服務信箱E-mail andbooks@andbooks.com.tw
劃撥帳號 19983379
戶名 大雁文化事業股份有限公司
出版日期 2024年07月 初版
定價 480元
ISBN 978-626-7498-18-7

歡迎光臨大雁出版基地官網
www.andbooks.com.tw

國家圖書館出版品預行編目資料

向此生好好說再見：讓臨終導樂師幫助你有覺知地面對生命和死亡／法蘭西絲卡・
阿諾爾迪（Francesca Lynn Arnoldy）著；高子梅譯. -- 初版. -- 新北市：如果出版：
大雁出版基地發行, 2024.07
　面； 公分
譯自：The death doula's guide to living fully and dying prepared : an essential workbook
　　　to help you reflect back, plan ahead, and find peace on your journey
ISBN 978-626-7498-18-7（平裝）

1. CST：死亡　2. CST：生死觀　3. CST：生命終期照護

113009796